Stephan D. Yada-Mc Neal

Gegen ein Loblied
auf die deutschen Invasoren

Analyse und Streitschrift
zum Buch Professor Heinz A. Richters
„Operation Merkur – Die Eroberung der Insel Kreta
im Mai 1941"

Danksagung

Ich möchte mich hier ganz herzlich bedanken bei meinem **Lektor Ulrich Roth**. Er hat es verstanden, mir in oftmals intensivem persönlichem Austausch viele Anregungen zu geben, die dem Buch sowohl inhaltlich als auch sprachlich den letzten Schliff gegeben haben.

Trotz einer Krankheit ließ er es sich nicht nehmen, sich um die Belange des Buches zu kümmern, und gab mir damit die Möglichkeit, mich stressfrei mit weiteren geschichtlichen Themen rund um die deutschen Kriegsverbrechen zu beschäftigen.

Sein Einsatz und sein oft unerbittliches Nachhaken ließen in mir nie die Motivation erkalten.

Der Autor

Inhalt

Vorwort

Kaum ein anderes angeblich historisch fundiertes Buch hat in den letzten Jahren die Griechen – und ganz besonders die Kreter – so verärgert wie die von Professor Heinz Richter herausgegebene „Operation Merkur – Die Eroberung der Insel Kreta im Mai 1941".

Das von deutscher Seite, speziell von den heutigen Fallschirm- und Gebirgsjägerverbänden so hoch gelobte Werk erweist sich allerdings bei näherer Betrachtung alles andere als glaubwürdig und wissenschaftlich unangreifbar. Bei einer Hinzuziehung von anderen, von Professor Richter nicht erwähnten oder zwar zitierten, aber nicht im Anhang ausgewiesenen Dokumenten und Zeugenaussagen ist man wahrlich geneigt, dieses Buch in der Bücherbörse zur Trivialliteratur zu stellen.

Ein wichtiger Punkt liegt dem Autor aber besonders am Herzen: Seine Fehleranalyse richtet sich ausschließlich gegen die Darstellung der Ereignisse durch Professor Richter und keinesfalls pauschal gegen die deutsche, meist aus blutjungen Soldaten bestehende Fallschirmjägertruppe, die Hitler zu Tausenden auf Kreta in den Tod geschickt hat.

Diese Streitschrift hat es sich zur Aufgabe gemacht, die entscheidenden, teilweise eklatanten Fehler herauszuarbeiten. Dass handwerkliche Fehler passieren können, ist menschlich und verständlich. Wenn jedoch die offensichtlichen Fehler so kaschiert werden, dass dem unwissenden Leser ein vollkommen anderes Bild der Ereignisse – speziell vom Widerstand der Kreter – vermittelt wird, kann man nicht mehr von Versehen, sondern von einer bewussten Irreführung unter dem Deckmantel einer angeblich fundierten historischen Abhandlung sprechen.

Diese Streitschrift nimmt für sich nicht in Anspruch, auf dem akademischen Weg zu bleiben, denn damit müssten Fußnoten und seitenlange Anhänge eingebracht werden. Diese dürften den Leser eher verwirren. Bei dem zu besprechenden Buch setzt Professor Richter die Anhänge m.E. bewusst zur Verwirrung des Lesers ein. Um dem interessierten Leser die Zusammenhänge der absichtlich gemachten Fehler vor Augen zu führen, übernehme ich in dieser Streitschrift die Textstellen wortwörtlich und nenne zur Überprüfung die jeweilige Seite und den Absatz. So versuche ich, Transparenz herzustellen.

Ferner zitiere ich relevante Stellen aus Fremdquellen komplett und zeige sie in der jeweiligen Fußnote der Seite an. Auf diese Weise kann der Leser leicht nachvollziehen, ob die Übertragung der Originalquelle entspricht. Sowohl die Passagen aus Richters Buch, als auch die der Fremdquellen werden kursiv angezeigt.

Vorbemerkung

Das unter dem Titel: „Operation Merkur – Die Eroberung von Kreta im Mai 1941" von Heinz Richter herausgegebene Buch ist in der vorliegenden Fassung eindeutig für deutsche Leser und in einer eventuellen Übersetzung für den englischsprachigen Markt bestimmt.

Wer sich als Grieche lediglich mit dem Kampfgeschehen bei der Eroberung Kretas befassen will, für den ist der zweite Teil des Buches durchaus geeignet. Wer jedoch weitere geschichtliche Informationen über den Zeitraum des Angriffs der Italiener im Oktober 1940 bis zur Kapitulation der Insel Kreta im Mai 1941 erhalten möchte, wird hier vergeblich suchen.

Die vorliegende deutsche Fassung gliedert sich im Wesentlichen in vier Hauptteile

1.   Diplomatische Aktionen der Italiener, Deutschen und Balkanstaaten (Seite   16 - 58)
Einmarsch der deutschen Truppen (Operation Marita) und die deutschen   Vorbereitungen des Angriffs auf die Insel Kreta, sowie die englischen   Bemühungen zur Abwehr (Seite 59 - 105)
Dazu noch Vorbemerkung und Einleitung (Seite 7 - 15)

2.   Operation Merkur vom 20. Mai 1941 - 1.Juni 1941 (Seite 106 - 243)
Nachbeben und Konsequenzen im September 1941 von deutscher Seite aus   gesehen (Seite 244 - 253)

3.   Beginn des Widerstands, sowie Schlachtkritik und Schlussfolgerungen
(Seite 254 - 286)
Epilog und Anhänge

4.   Bildmaterial

1. Stil und Aufmachung des Buchs

A. Bewusste Beibehaltung von englischen Texten

Schon in der Vorgeschichte wendet Professor Richter eine Technik an, die im Verlauf des Buches zu einem entscheidenden Faktor der Meinungsbildung wird. Während die Aussagen von italienischer Seite, Äußerungen von Diplomaten oder Nachrichten und Erklärungen von Mussolini ins Deutsche übersetzt werden, verbleiben die Aussagen von englischer Seite, bis auf eine Ausnahme am Ende des Buches, in der Originalsprache.

Geschickt arbeitet der Autor diese Passagen in den deutschen Text ein, so dass im Verlauf der Lektüre folgender Effekt auftritt: Wer die englische Sprache nicht sicher beherrscht, wird nach einer gewissen Zeit die eingefügten Texte einfach überspringen, denn sie behindern den Lesefluss.

Darin liegt m.E. eine gewisse Absicht. Denn gerade im zweiten Teil des Buchs, der die Schlacht um Kreta behandelt, kann man die auf englischer Seite begangenen Fehler sehr gut nachvollziehen. Diese Erkenntnis bleibt jedoch dem Leser, der die englischen Passagen überspringt oder nur ungenügend versteht, fast verschlossen. Gleichzeitig lässt Richters Vorgehensweise die Leistungen der deutschen Fallschirmspringer und Gebirgsjäger in einem besseren Licht erscheinen, obwohl deren Erfolge ja auf den taktischen und strategischen Fehlern der britischen Truppen beruhen, auf die der englische Text explizit hinweist.

Hier ein Beispiel, bei dem der Leser sich den angefügten deutschen Kommentar sofort einprägt, der eigentlich mit dem englischen Text nicht so recht zusammen passt. Das Augenmerk wird so auf etwas anderes gelenkt.

Seite 107, Abs. 2: *„In Maleme notierte der Führer des Kriegstagebuch des 22. NZ-Bataillons: 'Maleme. 20th May. Usual Mediterranean summer day. Cloudless sky, no wind. Extreme visibility: e.g. details on mountains 20 miles to the south-east easily discernible.' Die Angehö-*

8

rigen des Bataillons waren beim Frühstück, als der Angriff mit dem
Bombardement der Stukas begann."

Mit dem Hinweis, dass die Soldaten ihr Frühstück einnahmen, soll wohl einem unbedarften Leser das Gefühl vermittelt werden, dass die Neuseeländer von dem Luftangriff überrascht wurden. Im Verlauf des Buches wird jedoch sehr leicht erkennbar sein, dass die britischen Truppen durchaus mit einem Angriff rechneten.

Ein fachkundiger Leser wird sich jetzt fragen, warum Richter die Frühstücksszene erwähnt, da sie doch erkennbar mit dem Eintrag ins neuseeländische Kriegstagebuch nicht in Zusammenhang steht.

In einer englischen Fassung von Richters Buchs würde dies keine Rolle spielen, denn aus einschlägiger neuseeländischer und australischer Literatur sind die Fehler der britischen Verteidiger bereits seit einiger Zeit sehr wohl bekannt.

B. Der sogenannte Bibeltrick

Gerne verwendet Richter auch den sogenannten Bibeltrick. Das bedeutet: Der Autor stellt eine Behauptung auf, die er – ganz flexibel – an einer anderen Stelle im Buch durch eine gegenläufige Aussage offensichtlich widerlegt. Damit versucht der Autor etwaigen Kritikern den Wind aus den Segeln zu nehmen, da er jederzeit eine passende Antwort aus dem Ärmel zaubern kann. Häufig benutzt Richter diesen Trick, wenn der griechische Gegner ins Spiel kommt.

Hier nur ein Beispiel. Geht es um die Erschießung von Zivilisten, spricht Richter davon, dass die von griechischer Seite angegebenen Zahlen nicht stimmen. An anderer Stelle widerspricht er seiner eigenen Aussage (Näheres dazu im zweiten und dritten Teil).

C. Verwirrende Literatur- und Personennennung

Mehrfach bezieht Richter seine Informationen auf ein angeblich hervorragend recherchiertes Buch aus dem Jahre 1942 von Hünger, doch findet sich hierzu im Literaturverzeichnis keine Angabe.

Das Gleiche geschieht mit Personen, die zwar genannt werden, jedoch aus ersichtlichen Gründen weder im Namens- noch im Fotoregister erscheinen. (Siehe hierzu die Vorgänge Oblt. Trebes und Kriegsberichterstatter Weixler im 3. Teil).

Teil 1

A. Vorbemerkungen und Einleitung (Seite 7 - Seite 15)

In seiner Vorbemerkung versucht Richter den Leser davon zu überzeugen, dass sich bislang niemand außer ihm die Mühe gemacht habe, ein „umfassendes" Geschichtswerk über die Geschehnisse vor und während der Eroberung zu schreiben, was er mit diesem Buch nun bewerkstelligen wolle.

Bereits in dieser Vorbemerkung tritt jedoch sehr rasch die Absicht des Autors zutage, die griechische Seite fast immer nur in einem schlechten Licht darzustellen und mit abwertenden Begriffen zu belegen. Obwohl als ein ausgewiesener Griechenlandexperte beschrieben, vermeidet Richter in allen Passagen seines Buchs, die kretischen Widerstandskämpfer mit dem traditionellen Wort „Andarten" zu bezeichnen. Richter spricht immer nur von Irregulären, was dem Leser das Gefühl vermittelt, dass jeglicher Widerstand der Kreter gegen die Deutschen als nicht legal anzusehen ist.

Bei der Auswahl der Literatur lässt sich unschwer erkennen, dass auf griechische Autoren, Augenzeugenberichte oder offizielle Dokumente fast ganz verzichtet wird. Und wenn Richter doch einmal etwas zitiert, dann nur solche Passagen, die ihm gerade ins Konzept passen.

Ausführlich geht er auf verschiedene Veröffentlichungen ein, die in seinen Augen entweder historisch ernst zu nehmen sind oder aber seiner Einschätzung zufolge zur Legendenbildung beitragen. Dabei fällt auf, dass Richter manchen Quellen die Glaubwürdigkeit abspricht, diese von ihm disqualifizierten Textstellen jedoch im weiteren Verlauf des Buchs bewusst heranzieht, um bestimmten Kriegsereignissen eine andere – ihm wohl genehmere - Richtung zu verleihen.

B. Vorgeschichte (Seite 16 - 58)

Bei diesem Abschnitt handelt es sich um eine Weiterführung des von Richter im Jahr 1997 herausgegebenen Buchs „Griechenland im Zweiten Weltkrieg 1939 - 1941". Daher vermeidet er es tunlichst, sich selbst zu widersprechen. Gleichzeitig benutzt er dieses Buch, um zu beweisen, dass der Feldzug in Griechenland nichts mit der Niederlage der deutschen Truppen in Russland zu tun hat. Dabei hat Hitler selbst in seinen sogenannten Teegesprächen die Besetzung Griechenlands als Ursache für den verlorenen Krieg zur Sprache gebracht (dieses Thema wird noch zu einem späteren Zeitpunkt abgehandelt).

C. Von Marita zu Merkur (Seite 59 - 105)

Der Leser bemerkt sogleich, dass Richter die griechische Seite nur noch als Randerscheinung abhandelt und seine ganze Aufmerksamkeit dem Konflikt zwischen Deutschland und Großbritannien widmet.

Weder wird der Abwehrkampf der Griechen gegen die Invasion behandelt, noch findet sich ein Wort über die Vorgänge um das Fort Roupel (Metaxas-Linie); nichts ist über die ebenfalls in Griechenland eingefallenen Bulgaren und deren Verluste zu finden. An manchen Stellen heißt es, dass die griechischen Soldaten schlecht ausgebildet waren und sich den Deutschen schnell ergaben. Unterstützt werden solche Aussagen mit Bildern wie bei Abb... 26 auf Bildtafel 10.

Dieses u.a. Bild schreibt Richter einem Fotografen Nasse zu, doch handelt es sich um eine Aufnahme aus der Zeitspanne Winter 1940 bis Frühjahr 1941 und hat in keinster Weise etwas mit der Invasion von Kreta zu tun. An der Kleidung der Soldaten lässt sich sofort erkennen, dass diese die griechische Winteruniform im Feldzug gegen Italien tragen. Die hier abgebildeten Soldaten gehören zu der auf Kreta belassenen Reserve, denn die gut ausgerüsteten und trainierten Verbände der griechischen Armee lagen an der albanischen Front.

Richter scheint die Einschätzung von Hitler völlig unbekannt zu sein, der die Griechen als einzige den Deutschen ebenbürtige Gegner angesehen hat. Ebenso sind ihm offensichtlich die Worte von Churchill unbekannt: „From now on we can not say greeks fight like heroes, we have to say heroes fight like greeks."

Ausführlich spricht Richter in diesem Teil die Aktionen der englischen und deutschen Truppen an, so dass für den Leser der Eindruck entsteht, dass sich nur diese beiden Kriegsparteien am Kampf um Griechenland beteiligten.

Abb. 26 Griechische Rekruten und Zivilisten
(der Dicke in der Mitte dürfte ein Angehöriger der griechischen Marine sein)

(Bildmaterial: Richters Buch)

Auch in seiner Schilderung der Vorbereitungen des Angriffs auf Kreta und dessen Verteidigung erwähnt er die Griechen und die Kreter nur am Rande, jedoch beschreibt er die Aktionen der deutschen Fallschirmjäger recht ausgiebig.

Beginnend auf Seite 59 (die Operation Hannibal gegen Limnos) und ab Seite 61 (die Operation Demon und die Luftlandung bei Korinth) scheint sich der Kampf nur zwischen den deutschen und britischen Truppen abgespielt zu haben, was man auch daran erkennen kann, das auf den

Seiten 68 und 69 lediglich die „Verluste" der Britischen Armee angeführt werden, jedoch nicht die der ebenso kämpfenden Griechen.

Allgemein üblich ist es, unter dem Begriff Verluste nur die Zahl derjenigen Soldaten zu nennen, die gefallen sind. Bei der auf Seite 69 angeführten Liste der Verluste finden sich bei Richter jedoch Gefallene, Verwundete und Gefangene. Dadurch wirken die Verluste auf britischer Seite um ein Vielfaches höher.

Nehmen wir das Beispiel der britischen Armee (ohne R.A.F., Australier, Neuseeländer, Zyprioten und Palästinenser). Hiernach sind 146 Soldaten gefallen, dennoch gibt Richter die Verlustzahl mit 6.713 an! 87 Verwundete und 6.480 Gefangene rechnet er zusammen. Dadurch hat es den Anschein, dass die deutschen Verluste im Vergleich mit diesen Zahlen sehr gering sind. Listet man nun alles auf, wird der „deutsche Erfolg" noch krasser:

Gefallen	**903**
Verwundet	**1.250**
Gefangen	**13.958**
Gesamt	**16.111**

Im Gegensatz dazu stehen die Zahlen von Hitler, die er am 4. Mai 1941 in seiner Reichstagsrede erwähnte:

Gefallen	**1.099**
Verwundet	**3.752**
Vermisst	**385**
Gesamt	**5.236**

Interessant ist, dass Richter auf Seite 70, Absatz 2, lediglich die Verlustzahlen (so wie er sie interpretiert) der Auseinandersetzung zwischen Italien und Griechenland veröffentlicht, jedoch nicht jene Verluste, die die Griechen beim Einmarsch der Deutschen und der Verteidigung ihres Landes erlitten haben. Übernehmen wir einfach mal den Absatz von Richter:

„Diese Angaben müssen noch um die entsprechenden italienischen und griechischen Zahlen ergänzt werden, um das ganze Ausmaß des Elends zu begreifen. Der vorhergehende italienische Griechenlandfeldzug kostete[1] die Italiener 13.755 Gefallene, 50.874 Verwundete, 12.368 Opfer von Erfrierungen, schließlich 25.067 Vermisste, die letztlich der Zahl der Gefallenen zuzurechnen sind, so dass die Zahl der italienischen Gefallenen bei über 38.000 liegt. Die italienischen Verluste in Albanien waren rund doppelt so hoch wie auf dem nordafrikanischen Kriegsschauplatz. Die Griechen bezahlten ihren Widerstand mit 13.325 Gefallenen, 62.663 Verwundeten, einschließlich der Erfrierungen und 1.290 Vermissten. Die italienischen Gesamtverluste überstiegen damit die 100.000 und die griechischen näherten sich den 80.000."

Nehmen wir uns nun die Zahlen vor, die bei Wikipedia als Gesamtverlust von Griechenland im 2. Weltkrieg mit 20.000 angegeben sind, dann ergäbe sich für die Verluste bei der Invasion der Deutschen sowohl in Griechenland und der Insel Kreta ein Verlust von rund 5.500 griechischen Soldaten (20.000 - (13.325 + 1.290) = 5.385).

Warum diese Verlustzahlen von Richter nicht genannt werden, liegt wohl daran, dass er dann auch Bezug nehmen müsste auf die Verteidigungs- und Deckungsanstrengungen der Griechen bei der Invasion ihres Landes, die auch die Evakuierung der britischen Einheiten vom Festland nach Kreta militärisch absicherten.

So ist es bemerkenswert, dass über ein Viertel der deutschen Verluste bei der Eroberung des Forts Roupel zu beklagen war. Hierzu ein Bericht von Welt.de (veröffentlicht am 06.04.2011)[2] :

„Am 6. April 1941 im Morgengrauen griffen Soldaten des Gebirgsjägerregiments 85 die Anlage auf und vor allem im 1335 Meter hohen Berg Istebei an. Zuvor hatte ein Stoßtrupp bereits eine benachbarte Höhe erobert, von der aus das Festungswerk ab 5.40 Uhr mit heftigem Artilleriefeuer belegt wurde. Gleichzeitig begannen die Angriffe der ge-

---

1 https://de.wikipedia.org/wiki/Tote_des_Zweiten_Weltkrieges

2   https://www.welt.de/geschichte/zweiter-weltkrieg/article13081495/So-mutig-kaempften-die-Griechen-gegen-die-Wehrmacht.html

fürchteten deutschen Sturzkampfbomber. Gegen jede bekannte Schieß-scharte der in den Fels hinein gegrabenen und betonierten Festung wur-den mindestens zwei panzerbrechende Geschütze eingesetzt. Fünf Minu-ten vor dem festgesetzten Ende des Bombardements machten sich Ge-birgsjäger und Pioniere auf den Weg zu den griechischen Geschützstel-lungen.

Doch die Besatzung des Forts Roupel, 950 Soldaten und 27 Offi-ziere, gaben sich noch nicht geschlagen. Sie verteidigten sich mit allen Waffen, die ihnen zur Verfügung standen, und als die deutschen Pionie-re einen Bunker nach dem anderen mit Spezialbomben außer Gefecht setzten, so genannten Hohlladungen, befahlen die Offiziere der weiter südlich aufgestellten griechischen Artillerie, ihr Feuer auf die eigene Festung zu richten. Tief im Inneren des Berges waren die Soldaten gut geschützt, während die deutschen Angreifer stundenlang unter einer „tobenden Feuerglocke" lagen, wie es einer der Wehrmachtssoldaten später beschrieb.

Das Wetter stand offensichtlich auf Seiten der Verteidiger: Es gab in der Nacht zum 7. April 1941 einen starken Temperatursturz, dich-ter Nebel zog auf, es regnete in Strömen, teilweise kam sogar Schnee vom Himmel. Die Gebirgsjäger richteten sich ein, um ihre improvisierte Stellung gegen Ausfälle der griechischen Verteidiger zu halten. Doch es war unmöglich, in dem felsigen Grund Schützenlöcher zu graben. Den-noch wehrten die Deutschen eine Attacke mitten in der Nacht ab und setzten am Morgen ihr Zerstörungswerk fort. Gegen 9 Uhr drangen die ersten Deutschen in eines der Festungswerke von Roupel ein; zwei Stun-den später kapitulierte der Kommandant dieser Bunkeranlage. Mit ihm gingen sieben Offiziere und 450 Mann in Gefangenschaft, 43 Griechen waren bei der Verteidigung gefallen.

16

Andere Festungen der Grenzbefestigung hielten länger aus, teil-
weise bis zum Morgen des 10. April 1941. Dann hatte die Wehrmacht die
Metaxas-Linie überwunden. Einmal mehr zeigte sich, dass die nach Er-
fahrungen des Stellungskrieges an der Westfront des Ersten Weltkrieges
errichteten Betonstellungen den neuen technischen Möglichkeiten nicht
gewachsen waren. Die meisten Werke der Maginot-Linie an der franzö-
sischen Ostgrenze leisteten der Wehrmacht im Mai 1940 weniger als 24
Stunden Widerstand; gerade einmal 15 Minuten nach dem Angriff deut-
scher Luftlandetruppen schwiegen die Waffen des belgischen Sperrforts
Eben-Emael südlich von Maastricht.

Verglichen damit hielten sich die wesentlich schlechter ausgestat-
teten Verteidiger von Fort Roupel lange. Sie fügten den Angreifern
schwere Verluste zu: Mehr als 300 Tote und dreimal so viele Verwundete
kostete die Erstürmung der Metaxas-Linie die Wehrmacht."

Warum fügt hier der Autor die Ereignisse von Fort Roupel nicht ein, wird sich mancher Kenner der Geschichte fragen? Weil in Richters Buch von Seite 61 bis Seite 66 unter der Überschrift „Die Operation Demon und die Luftlandung bei Korinth" lang und breit die Eroberung durch die Fallschirmjäger beschrieben, jedoch kein einziges Wort über die Leistung der griechischen Truppen aufgewendet wird. Denn auch in diesem Abschnitt spricht Richter lediglich die Aktionen und Gegenreaktionen der deutschen und der britischen Truppen an.

Indem er die Tapferkeit der griechischen Verteidiger mit keiner Silbe erwähnt, muss Richter auch nicht auf die Tatsache eingehen, dass die Befehlshaber der deutschen Invasionsarmee die Griechen mit außerordentlichem Respekt wegen ihrer Tapferkeit behandelten.

Diese Linie, also die fast schon bewusste Ignorierung der griechischen Seite, zieht sich durch das gesamte Buch, wie der verehrte Leser selbst feststellen wird. Die vorliegende Streitschrift wird im Weiteren auf die offensichtlichen Diskrepanzen hinweisen.

2. Teil Operation Merkur (Seite 106 - 254)

A. Sachlichkeit des ersten Autors

Vielleicht fällt es in der bereits erschienenen griechischen Ausgabe kaum auf, doch an dem Abschnitt, der die Invasion der Insel behandelt, haben mit Sicherheit zwei verschiedene Personen gearbeitet.

Alle Beschreibungen der militärischen Aktionen der Deutschen und Briten sind in einem Stil verfasst, der eindeutig erkennen lässt, dass der Autor über hervorragende Kenntnisse im militärischen, taktischen und waffentechnischen Bereich verfügt. Der Schreibstil ist klar, übersichtlich, weicht nicht oder nur sehr selten vom Thema ab und fügt auch keine unnötigen Seitenkommentare ein. Bei diesem Autor gibt es auch keine unterschwelligen, zweideutigen Bemerkungen über die kämpfenden Parteien.

Präzis schildert der Autor das Vorgehen der deutschen Truppen, der beteiligten Kampfverbände, Flieger- und Marineeinheiten. Ebenso die Aktionen und Gegenreaktionen der Australier, Neuseeländer und der britischen Marine. Auch kommen die griechischen Truppen sehr gut weg, wie zum Beispiel im Bericht über die heftigen Kämpfe um Kissamos-Kastelli.

Hier wurden die englischen Aussagen im Original belassen und zwischen die deutschen Texte eingefügt, was die klare Linie dieses um militärische Sachlichkeit bemühten Autors etwas verlässt.

B. Polemik des zweiten Autors

Anhand des Stils, der Wortwahl, der Seitenbemerkungen sowie der vielen Einfügungen, die eigentlich mehr verwirren als Klarheit schaffen, ist ersichtlich, dass es sich bei den mit polemischen Anmerkungen versehenen Passagen um einen zweiten Autor – um Heinz Richter – handelt.

Gerne verwendet er Aussagen, die der Leser zwischen den Zeilen anderes auslegen kann und für jemanden, der nicht hundertprozentig sicher in der deutschen Sprache ist, in ihrer Mehrdeutigkeit auch nicht auf den ersten Blick erkenntlich sind. Mit Sicherheit geht genau dieser Unterschied in der bereits erschienenen griechischen Fassung verloren, da diese von einem (einzigen) Übersetzer angefertigt wurde und deswegen als Ganzes homogen wirkt.

Prinzipiell scheint Richter die kretischen Zivilisten nur als irreguläre Kämpfer bezeichnen zu wollen, was beim Leser natürlich dazu führt, alle militärischen Aktionen ziviler Kräfte als illegal einzustufen. In jeder Hinsicht spricht Richter den Kretern das Recht ab, sich gegen den eindringenden Feind zur Wehr zu setzen, obwohl hierbei Artikel 2 und 3 der Haager Landkriegsordnung zum Tragen kommen.

Sobald es aber, wie bei den Kämpfen in Floria und bei Kandanos, zu erheblichen Verlusten auf Seiten der Deutschen kommt, bezeichnet Richter die einheimischen Kräfte als kretische Gendarmen (siehe Seite 186 und 192-193 der deutschen Ausgabe). Die von Richter angefertigte Darstellung der Ereignisse widerspricht in den wichtigsten Teilen jedoch denen der am Kampf beteiligten Kreter.

Richter erwähnt mit keinem Wort, dass es zu einer Versammlung von Bewohnern von Kandanos und einiger umliegender Orte gekommen war, in der beschlossen wurde, sich den deutschen Invasoren mit Waffengewalt entgegenzustellen. Unter der Führung eines jungen (verwundeten) Leutnants der kretischen Gendarmen gelang es danach ausschließlich Zivilpersonen, den Vormarsch der deutschen Fallschirmjäger und Gebirgsjäger zwei Tage lang zum Stehen zu bringen. Diese Aktion ermöglichte es, dass sowohl britische Verbände als auch gefährdete griechische Zivilisten, zum Beispiel der Priester von Kandanos, über Paleochora evakuiert werden konnten.

Wenn aber die Angriffe von Floria und Kandanos laut Richter von Gendarmen, also legalen Kombattanten, ausgeführt und geleitet wurden, dann wären die Hinrichtungen in Floria und Kandanos eindeutige Kriegsverbrechen gewesen. Richter ignoriert jedoch völlig die Erschießung von Floria und wie zum Hohn fügt er ein, dass sich im Ort ein deutsches Kriegerdenkmal befinde, das seit Jahren gepflegt werde, und dass heutzutage zwischen einigen Gebirgsjägergruppen und der Gemeinde Kandanos/Floria ein gutes Verhältnis bestehe. Die Tatsache, dass auf der anderen Straßenseite ein Denkmal für die kretischen Opfer errichtet wurde, verschweigt Richter allerdings.

Richter erwähnt und widerspricht gleichzeitig der blumigen Aussage eines deutschen Soldaten über die Vorgänge von Kissamos-Kastelli (Seite 191). Hier berichtet ein angeblicher deutscher Soldat von den grauenhaften Untaten der Zivilisten – und noch auf derselben Seite erklärt Richter diese Schilderung für unzutreffend.

Warum also, so muss die Frage lauten, bringe ich diese Geschichte dann überhaupt ein? Das Gesagte, schon alleine wegen der angeblichen Grausamkeit, prägt sich ein, so dass die Gegendarstellung fast schon unter den Tisch fällt (Bibeltrick). Im weiteren Verlauf seiner Schilderungen verweist Richter immer wieder auf die Haager Landkriegsordnung, wenn es sich um Aktionen der kretischen Verteidiger handelt.

Hier nun ein Blick auf jene Artikel des völkerrechtlichen Abkommens, die er gerne dazu verwendet, um den Beweis zu erbringen, dass sich die Bevölkerung der Insel unberechtigterweise an den Kampfhandlungen beteiligt hat. Vielmehr ist es aber so, dass die Haager Landkriegsordnung diese Art der Gegenwehr sogar ausdrücklich billigt:

Abkommen, betreffend die Gesetze und Gebräuche des Landkriegs.
Vom 18. Oktober 1907

Artikel 1.

Die Gesetze, die Rechte und die Pflichten des Krieges gelten nicht nur für das Heer, sondern auch für die Milizen und Freiwilligen-Korps, wenn sie folgende Bedingungen in sich vereinigen:

1. daß jemand an ihrer Spitze steht, der für seine Untergebenen verantwortlich ist,

2. daß sie ein bestimmtes aus der Ferne erkennbares Abzeichen tragen,

3. daß sie die Waffen offen führen und

4. daß sie bei ihren Unternehmungen die Gesetze und Gebräuche des Krieges beobachten.

In den Ländern, in denen Milizen oder Freiwilligen-Korps das Heer oder einen Bestandteil des Heeres bilden, sind diese unter der Bezeichnung "Heer" einbegriffen.

Artikel 2.

Die Bevölkerung eines nicht besetzten Gebiets, die beim Herannahen des Feindes aus eigenem Antriebe zu den Waffen greift, um die eindringenden Truppen zu bekämpfen, ohne Zeit gehabt zu haben, sich nach Artikel 1 zu organisieren, wird als kriegführend betrachtet, wenn sie die Waffen offen führt und die Gesetze und Gebräuche des Krieges beobachtet.

Artikel 3.

Die bewaffnete Macht der Kriegsparteien kann sich zusammensetzen aus Kombattanten und Nichtkombattanten. Im Falle der Gefangennahme durch den Feind haben die einen wie die anderen Anspruch auf Behandlung als Kriegsgefangene.

C. Kampf im menschenleeren Raum – Vertuschung eines Kriegsverbrechens!

Egal welchen Gefechtsbericht man liest, egal wie sich die deutschen oder die alliierten Truppen bewegten, nirgendwo tauchen in der Abhandlung von Richter irgendwelche Zivilisten auf, die vielleicht zwischen die Fronten geraten waren, oder bei den Kämpfen um Orte in Mitleidenschaft gezogen wurden. Da wird vom Häuserkampf von Galatas geredet, doch irgendwie scheinen sich auch hier die Zivilisten in Luft aufgelöst zu haben, damit die kämpfenden Parteien so richtig aufeinander losgehen konnten.

Gerne führt Richter die Verlustzahlen ins Feld, doch mit keiner Silbe spricht er davon, wieviel Zivilisten bei den Kämpfen um Kreta ihr Leben verloren haben. Kein Wort über die völkerrechtswidrige Bombar-

22

dierung von Chania, bei der fast ausschließlich zivile Einrichtungen und die Altstadt fast vollständig zerstört wurden. Kein Wort über die eigentlich unerklärlichen Luftangriffe auf Melambes und andere Orte, in denen keinerlei militärische Einrichtungen untergebracht waren.

Dass diese Kampfzonen keineswegs frei von Zivilisten waren, wird alleine durch eine Aussage des Schriftstellers Hans Bender deutlich, die er gegenüber Richter machte. Allerdings erscheint sie etwas merkwürdig zu sein, da sie mit den tatsächlichen Ereignissen nichts zu tun hat – oder was in meinen Augen noch schlimmer ist, dass hier der Versuch unternommen wird, ein Kriegsverbrechen zu kaschieren.

Doch lesen wir einmal, was in Richters Buch auf Seite 264, Abs. 1 steht:

„Die kretischen Irregulären griffen bei Nacht an oder überfielen einzelne Posten. Hans Bender berichtet von einem typischen Vorfall aus Perivolia bei Rethymnon. Er war am Dorfbrunnen Wasser holen gewesen; als er von dort nach stundenlangem Beschuss erst sehr verspätet in seine MG-Stellung zurückkehrte, fand er seinen Kameraden tot vor: 'Guido (Gruner) war tot. Er lag auf dem Rücken. Man hatte ihm die Augen ausgestochen und die Geschlechtsteile abgeschnitten. Die Leichen der Gefallenen waren infolge der brutalen Hitze schon nach wenigen Stunden in Verwesung übergegangen, so auch hier. Die Fratze des Krieges offenbarte sich uns in seiner ganzen Brutalität und Grausamkeit.' Als sich solche Fälle häuften, begannen sich Rachegedanken unter den Männern zu verbreiten. Da in der Einheit Benders alle Offiziere gefallen waren, wollte der Feldwebel sich an der Zivilbevölkerung rächen. Er befahl Bender, die im von den Deutschen kontrollierten Gebiet zurückgebliebenen 32 Frauen, Kinder und Alten zu erschießen. 'Spontan sagte ich: Das tu ich nicht.' (Der Feldwebel) zog seine Pistole und stellte fest, Befehlsverweigerung an der Front. ...Aber schon hielt ihm mein Kamerad Karl Krämer aus Berlin sein 'Schießeisen' unter die Nase. Den Originalton 'Berlin' von Karl, der prompt folgte, vergesse ich nie in meinem Leben: 'Eh du abjedrückt hast, liejst du auf der Fresse, vastehste.' (Der Feldwebel) zog ohne ein Wort zu verlieren von dannen.' Wie Hans Bender dem Autor erzählte, wurden diese Zivilisten später doch noch erschossen, von anderen, die keine Skrupel kannten.“

Wer nun die Geschichte von Perivolia bei Rethymnon kennt, sich die in Richters Buch angesprochenen Kampfberichte genauer ansieht, wird beim Lesen der Aussage von Hans Bender ungläubig den Kopf schütteln wegen der Polemik und Fehlerhaftigkeit, die in Benders Schilderung sofort ins Auge springen. Gleichzeitig stellen sich hier Fragen: Warum wurde diese Geschichte in das Buch eingearbeitet und warum erklärt Richter nicht den Umstand, dass im selben Buch die Vorkommnisse in Perivolia anders geschildert werden.

1. Welche andere Einheit außer den umzingelten Fallschirmjägern soll die Erschießung der Zivilisten durchgeführt haben? Wenn doch jene Gruppe, zu der auch der Schriftsteller Hans Bender gehörte, ganze 9 Tage in einer sogenannten „Igelstellung" ausharren musste, bevor sie im Zuge der Eroberung von Kreta endlich befreit wurde.

2. Es ist allgemein bekannt, dass nur Freiwillige an Erschießungen beteiligt waren und kein deutscher Soldat dazu befohlen werden konnte. Auch die angebliche Drohung des Feldwebels hätte nach geltendem Recht der Wehrmacht zu diesem Zeitpunkt dazu geführt, dass der Feldwebel vor ein Kriegsgericht gestellt werden konnte. Somit ist auch längst widerlegt, was aber immer wieder – auch auf Kreta – als Gerücht im Umlauf ist: Dass deutsche Soldaten wegen ihrer Weigerung, an der Erschießung von Zivilisten teilzunehmen, von ihren kommandierenden Offizieren wegen angeblicher Befehlsverweigerung getötet wurden (Skourvoula und Viannos). Diese Todesstrafe konnte nur vom „Reichskriegsgericht" ausgesprochen werden.

3. Kann es sein, dass Richter durch die Erwähnung der Aussage von Hans Bender versucht, den Anschein zu erwecken, dass jener Verband, dem Bender angehörte, nicht die völkerrechtswidrige Ermordung von Frauen, Kindern und Alten durchgeführt hat, obwohl nur diese Einheit für die Tat in Frage kam?

4. Dient die eingebrachte Episode nur dazu, eine öffentliche Diskussion über die Person von Hans Bender zu vermeiden, damit es ihm nicht ergeht wie Günther Grass (Mitgliedschaft in der Waffen-SS)

24

und hinterfragt wird, in welchem Zusammenhang Hans Bender mit dem als Kriegsverbrechen bezeichneten Massaker von Perivolia steht?

5. Wie sollen die nur als „Irreguläre" von Richter bezeichneten Andarten an die MG-Stellung von Gruner herangekommen sein, um diesen zu töten, wenn sogar mehrmalige Angriffe von britischer Seite abgeschlagen wurden?

6. Warum wird einerseits die angebliche Verstümmlung von Gruner (Bruder des Verlegers Gruner aus dem Verlag Gruner + Jahr) erwähnt und gleichzeitig darauf hingewiesen, dass wegen der Hitze die Verwesung der Leiche schon begonnen hatte?

7. Obwohl hinlänglich bekannt ist, dass der Liquidierung der Zivilisten von Perivolia an zwei Tagen insgesamt mehr als 70 Personen zum Opfer fielen, wird diese Tatsache von Hans Bender nicht erwähnt.

8. Warum veränderten Unbekannte auf dem Denkmal von Perivolia ganz bewusst das Datum „Mai 1941" stümperhaft auf Mai 1944? Sollte mit diesem Fälschungsversuch verhindert werden, dass das Massaker den eingeschlossenen Fallschirmjägern zugerechnet werden kann? (Siehe hierzu das u.a Bild).

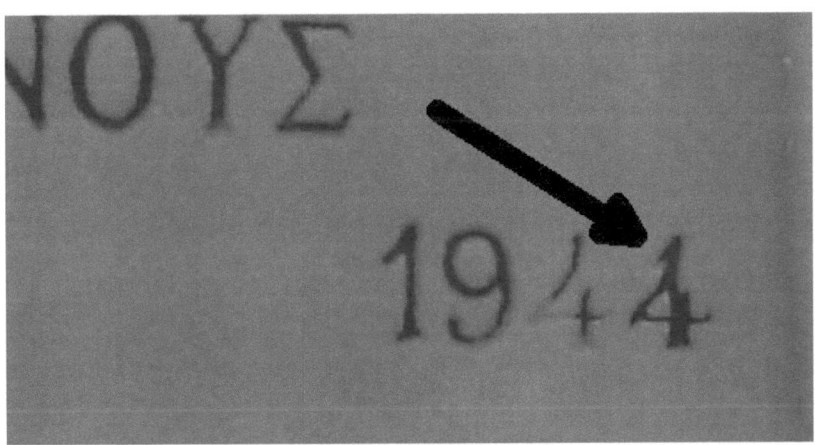

(Bildquelle: Autor)

25

Perivolia Denkmal (Bilder Autor)

Dass solche „wilden Erschießungen" von Zivilisten kein Einzelfall waren, vermerkt Richter fast schon beiläufig im Zusammenhang mit Hans Benders Aussage:

„Dies soll an vielen Stellen geschehen sein. In der Tat heißt es im Bericht des Kriegsgerichtsrats Rüdel, der noch ausführlicher zitiert wird, dazu, dass die Truppe während des Einsatzes in Ortschaften, in denen heftiger Widerstand durch Zivilisten festgestellt wurde, einen großen Teil der Zivilbevölkerung erschossen habe."

Erschreckend hierbei ist, dass Richter die Verteidiger ständig als Barbaren und Irreguläre bezeichnet. Seiner Auffassung nach hielten sie sich nicht an die Vorschriften der Haager Landkriegsordnung. Jedoch teilt er dem Leser mit keinem Wort mit, dass die – man kann es ja gar nicht anders ausdrücken – „wilden Erschießungen", die von den deutschen Truppen begangen wurden, in allen Punkten gegen die Artikel der Landkriegsordnung verstoßen.

26

In dem nachfolgenden Absatz auf Seite 264 versucht Richter sogar eine Art Entschuldigung vorzubringen, warum gerade die Fallschirmjäger so reagierten:

„Die Fallschirmjäger hatten in den ersten Tagen durch die Angriffe der Irregulären hohe Verluste. Die Ausschreitungen richteten sich fast ausschließlich gegen die Fallschirmjäger und kaum gegen die später eintreffenden Gebirgsjäger. Der Grund dürfte in der anfänglichen Vereinzelung der ersteren gelegen haben. Die Gebirgsjäger hingegen traten von Anfang an als geschlossene Formationen an. Beevor berichtet, dass die Fallschirmjäger bei Irakleion allein etwa 200 Tote durch Irreguläre gehabt haben sollen.[3] Bei Kandanos/Floria gab es mindestens 39 Tote. Die tatsächliche Zahl der durch Irreguläre Getöteten ist nicht genau festzustellen, aber sie dürfte wohl einige Hundert betragen haben."

Die Thematik Floria und Kandanos wird später noch eingehender erörtert, denn hier verwirrt uns Richter mit der Feststellung, dass die deutschen Soldaten einerseits von sogenannten „regulären Kombattanten", und andererseits auch von „Irregulären" angegriffen wurden.

D. Das Spiel mit den Verlustzahlen als Beweis von Kriegsverbrechen

Auf den Seiten 241 und 242 wird Bilanz gezogen über die Verluste auf beiden Seiten. Wenn man nun der Argumentation von Richter folgt, dann lassen sich die völkerrechtlichen Untaten der Kreter daran erkennen, dass es auf deutscher Seite im Verhältnis mehr Gefallene als Verwundete gab, da die Zivilisten die Verwundeten „gnadenlos" niedermachten. (3.971 Gefallene - 1.914 Verwundete). Wenn dem so ist, dann müssten allerdings die Deutschen die britischen Soldaten, bzw. die Verwundeten, ebenso „gnadenlos" niedergemacht haben! (735 Gefallene - 263 Verwundete)!

Um den Erfolg der deutschen Truppen noch erfolgreicher zu gestalten, werden bei der Aufzählung der Verluste nicht nur die Gefallenen, son-

---

3   Beevor Antony Crete: The Battle and the Resistance (London: 1991)

dern auch die Verwundeten und die in Gefangenschaft geratenen Soldaten eingerechnet. So ist es kein Wunder, dass auf Seiten der Alliierten und der Griechen 23.000 Opfer stehen, während auf deutscher Seite „nur" 6.580 zu Buche schlagen. Um den Erfolg der Deutschen noch besser aussehen zu lassen, weist Richter auf die hohen Verluste der Alliierten in Arnheim hin.

3. Teil - Beginn des Widerstandes, sowie Schlachtkritik und Schlussfolgerungen (Seite 254 - 286), sowie Epilog und Anhänge

A. Vorbemerkungen

Bei diesem Teil des Buches fällt es einem wirklich schwer, die nötige Distanz zu wahren, obwohl ersichtlich ist, dass der gesamte Abschnitt einzig und allein dahingehend ausgerichtet ist, den Verteidigungswillen der Kreter herabzuwürdigen, in eine fast schon kriminelle Ecke zu stellen, die deutschen Invasionstruppen als Opfer darzustellen und sogar der Versuch unternommen wird, eine Art von „Carte Blanche" für die Kriegsverbrechen der Deutschen hervorzuzaubern.

B. Heinz Richter: „Die Erschießung der Männer von Kondomari scheint eine Privatrache von Oblt. Trebes gewesen zu sein oder eine „Carte Blanche" für Walter Gerike und die Fallschirmjäger!

a.   Auf Seite 268 der deutschen Ausgabe schreibt Richter folgendes: „Zwar hatte Student angeordnet, dass ältere Offiziere die Maßnahmen leiten sollten, da er von diesen erwartete, dass sie sich weniger von Fanatismus leiten ließen, aber im Falle der Erschießungsaktion im Dorf Kontomari war der durchführende Oberleutnant Trebes gerade einmal 24 Jahre alt. Allerdings ist nicht ganz klar, ob es sich bei dieser Aktion um die von Student befohlene oder um eine wilde Aktion von Trebes handelte. Für letzteres spricht die kurze Zeit, die zwischen dem Erlass des Befehls durch Student (31. Mai) und der Mordaktion am 2. Juni lag."

b.   Richter widerspricht entschieden der Darstellung des Kriegsberichterstatters Franz Peter Weixler, der bei dieser Erschießung anwesend war und die uns bekannten Bilder vom Massaker machte. Bewusst werden die von Richter veröffentlichten Fotos jedoch nicht Weixler, sondern anderen

Personen zugeordnet. Auch andere im Buch veröffentlichte Fotos von Weixler werden nicht benannt.

Hier – als Abschrift – die von Weixler gemachte Zeugenaussage:
(Hinweis zu den Bildern: Ich habe versucht, laut der Aussage von Weixler die entsprechenden Bilder unmittelbar zum Text hinzuzufügen. Zur Orientierung sind diese Bilder mit dem Verzeichnis des Bundesarchivs versehen.)

Aus Anlass der Nürnberger Prozesse gegen Göring und Genossen möchte ich Ihnen nachfolgende Mitteilungen mit der ausdrücklichen Ermächtigung machen, sie gegebenenfalls im Interesse derer zu gebrauchen, die keinesfalls mit den Methoden der Nazi-Militaristen einverstanden waren.

Wie Ihnen bekannt ist, befand ich mich zum zweiten male als Gestapo-Gefangener vom 16.1.44 bis April 1945 im Münchener Gefängnis Neudeck mit der Anklage wegen Hochverrat bezw. fortgesetzter Wehrkraftzersetzung. Der Volksgerichtshof Berlin gab das Verfahren im Juni 1944 an das Oberlandesgericht München ab, wo es unter dem Aktenzeichen Id O Js 166/44 beim Hochverratsdezernat lief. Die Verhandlung vor dem Volksgerichtshof und Oberlandesgericht verzögerte sich solange, weil meine Akten sowohl in Berlin als auch im Münchener Justizpalast und bei der Nürnberger Gestapo verbrannten. Nach Auskunft des Oberstaatsanwalts Dr. Schmucker-München war ich ein hundertprozentiger Todeskandidat, da schon ein einziger Passus der mir zur Last gelegten Äusserungen usw. zur Höchststrafe genügt hätte.

Eines meiner "Verbrechen" bestand darin, dass ich in der Eisenbahn und vor grösseren Kreisen die Wahrheit über das Fallschirmunternehmen der deutschen Luftwaffe von Kreta im Mai 1941 erzähl-

te, das ich als Leutnant d.R. und Kriegsberichter (Foto) mitmachen mußte. Zur Erhärtung meiner Erzählungen zeigte ich eine ganze Anzahl von Aufnahmen, die ich auf Kreta gemacht hatte, her, die u.a. deutsche Fallschirmjäger-Massengräber, hunderte von zerstörten deutschen Flugzeugen auf Kreta, und Scenen von einer Massenhinrichtung der männlichen Bevölkerung des kretischen Dorfes Kondomari b. Malemes zeigten. Alle Aufnahmen waren unzensiert und ich war mir natürlich darüber im Klaren, dass ich bei dieser Propaganda gegen die Lügen und Greuel der Göringschen Luftwaffe mit meinem Leben spielte, hielt es aber für meine Gewissenspflicht, die Wahrheit unters Volk zu bringen. Ich kann Dutzende von Zeugen aus den Jahren 1941 - zu meiner Verhaftung beibringen, dass ich mit diesen Bildern bei jeder Gelegenheit zum Widerstand gegen die Nazi-Soldateska aufgefordert habe. Wiederholt wären mir diese Bilder fast zum Verhängnis geworden, da eine Anzahl von meinen Zuhörern mich verhaften lassen wollte, was schließlich dann ja auch 1943 geschah.

Ich benenne Herrn Hans von Heiniger, der auf einem Rittergut bei Singen am Hohentwiel (Bodensee) wohnt, dessen genaue Anschrift ich beibringen kann dafür, dass ich nach dem Krieg in der Schweiz oder Amerika unter Benützung dieser Fotos ein Buch "Kreta, wie es wirklich war ..." herausbringen wollte, das der Welt die Augen über eines der leichtfertigsten Unternehmen der deutschen Heerführung, das tausende von deutschen Soldaten das Leben kostete, geöffnet hätte. Ich überreiche Ihnen anliegend auch einen "Befehl" der deutschen Wehrmacht, den ich mir verbotenerweise angeeignet und bis zum Kriegsschluss durchgerettet habe, der vom Divisionsstab der Fallschirmjägerdivision, die von General Student befehligt wurde, nach Kreta etwa 2 - 3 Tage nach den Fallschirmlandungen gebracht wurde, noch bevor überhaupt die kämpfende Truppe mit der Zivilbevölkerung in Berührung gekommen war, sodass also der zweite Absatz des Befehls glatte Lüge ist. Mir ist dies da-

31

mals sofort aufgefallen und ich habe mir zur späteren Verwertung dieses Exemplar gesichert.

Nun zu den Fotos der Zivilistenerschiessung:

Ich befand mich meiner Erinnerung nach am 1. oder 2. Juni 1941 (es war ein Pfingstfeiertag) in meinem Quartier in der kretischen Hauptstadt Chania, als nach dem Essen der junge Adjutant des II. Batl. 1 Fallschirmjägerregts. zu mir sagte, dass ich "heute nachmittag etwas Interessantes erleben könnte". Ich wurde neugierig und fragte, worauf er mir antwortete, dass eine Strafexpedition gegen mehrer Dörfer bei Malemes stattfinden werde, da man massakrierte Fallschirmjägerleichen und geplünderte Tote gefunden hätte. Man habe vor wenigen Tagen deswegen dem Oberkomando der Luftwaffe in Berlin Nachricht gegeben und es sei ein Fernschreiben von Göring eingetroffen, wonach schärfste Massnahmen, nämlich Erschiessung der männlichen Bevölkerung zwischen 18-50 Jahren zu erfolgen hätten.

Ich sagte sofort zu dem jungen Leutnant und zu Hauptmann Gericke, dass ich noch keinen einzigen massakrierten Fallschirmjäger unter den Hunderten und Aberhunderten von Gefallenen gesehen hätte, dagegen Dutzende von toten Kameraden, denen infolge der tropischen Hitze und schnellen Verwesung Augen, Nasen und sogar die Ohren fehlten. Ich lief schnell zum Ortskommandant Major Stenzler, der mir sagte, dass eine Kommission vom Auswärtigen Amt gestern aus Berlin geflogen kam, die Untersuchungen wegen angeblicher Massakrierungen deutscher Soldaten anstelle. Er habe sich nur an den Befehl des Oberbefehlshabers der Luftwaffe zu halten, von dem er durch den Stabsoffizier der Division, Major Graf Uxküll Kenntnis erhalten habe. Ich erzählte Stentzler, dass ich mit eigenen Augen durchs Fernglas gesehen hatte, dass gegen Abend in den ersten Kampftagen große Aasgeier auf Leichen unserer Kameraden, die noch in der Feindlinie in ihren Fallschirmen auf Olivenbäumen gehangen waren, herumhackten, eine Wahrnehmung, die auch andere Soldaten gemacht hatten. Ich erinnerte den Major, der Ortskommandant von Chania war, daran, dass wir zusammen während der Kämpfe zahllose tote halbverweste Kameraden gesehen hätten, aber keinen einzigen ermordeten oder massakrierten und daß ich es für glatten Mord ansehe, falls der Befehl Görings ausgeführt würde.

Die Gerüchte von „Massakrierungen" und Verstümmelungen, sagte ich, stammen restlos von jungen und jüngsten Soldaten, deren überhitzte Fantasie im Zusammenhang mit den seelischen Überanstrengungen der letzten Kampftage diese wilden unrichtigen Gerüchte verursacht habe. Ich beschwor Major Stentzler, der ja Kampfgruppenkommandeur des Abschnittes Malemes war, den Befehl zur Strafexpedition auf jeden Fall nicht ausführen zu lassen, worauf er mich als Subalternenoffizier zurechtwies und mir verbot, mich in diese Dinge einzumischen, da ich den Fallschirmjägern lediglich für das Unternehmen Kreta als Fotograf zugeteilt sei.

Darauf rannte ich zum Stabsquartier des II Batl., wo eben Oberleutnant Horst Trebes an eine angetretene Abteilung von etwa 30 Mann eine Ansprache des ungefähren Inhalts hielt, dass die "Aktion allerschnellstens als Vergeltung für unsere ermordeten Kameraden durchzuführen sei und alles ausschliesslich auf sein Kommando zu achten habe." Ich habe von dieser Ansprache eine Aufnahme gemacht, trotzdem ich dazu, wie mir genau bewusst war, weder hierzu noch zu den anderen späteren Fotos keine Erlaubnis hatte.

Das Strafexpeditionskommando bestand aus Oberlt. Trebes, einem mir dem Namen nach unbekannten Inspektor im Oberleutnantsrang, einem Dolmetscher, 2 Unteroffz. und etwa 25 Fallschirmjägern des II. Batl./l.Sturmregts. - Ich stellte mich Oblt. Trebes vor und bat ihn, den mir bekanntgewordenen Befehl nicht auszuführen, da auf Kreta

33

doch die Blutrache herrsche, worauf er mich vor allen Leuten anbrüllte, „er habe von seiner Kompanie über hundert Mann durch diese Schweine verloren und er habe sich freiwillig zur Durchführung der Strafexpedition gemeldet, er verbitte sich jegliche Einmischung!" Ich durfte dann die Fahrt auf einem englischen LKW mitmachen, ohne zunächst zu wissen, wohin es ging.

Kurz vor Malemes bog der Wagen links ein, es ging durch einen dunklen, ziemlich langen Olivenhain, mehrmals wurde Halt gemacht und Leichen von Fallschirmjägern betrachtet. Eine Leiche war nackt und völlig mit Maden bedeckt, (Bild 1) Trebes brüllte: „Wieder ein ausgeplünderter Kamerad!" und stachelte die Mannschaften gegen die Zivilisten auf. Etwas weiter lag ein gefallener Fallschirmjäger in seinen Fallschirm gewickelt, dessen Nase fehlte (Bild 2) Trebes schrie wieder, dies seien die Bewohner der nahen Ortschaft gewesen. Ich sagte ihm, dass man doch deutlich die Verwesung an Nase, Mund und Augen erkenne.

Bundesarchiv, Bild 101I-166-0527-10A
Foto: Weixler, Franz Peter | 1941 Mai - Juni

Bundesarchiv, Bild 101I-166-0527-22
Foto: Weixler, Franz Peter | 1941 Mai - Juni

Dann kam die Ortschaft, deren Namen ich erst später nach Erkundigung erfuhr: Kondomari.

Die beiden Lastwagen hielten, ObIt. Trebes brüllte Befehle und dann liefen die Fallschirmjäger im Laufschritt in die wenigen Häuser der kleinen Gemeinde. Nach kurzer Zeit war vor dem kleinen Platz die ganze Gemeinde, Männer, Frauen und Kinder zusammengetrieben, selbst einen schwerverwundeten alten Mann mit Kopfverband brachten die Soldaten an.

Ein deutscher Soldat brachte einen Waffenrock eines Fallschirm-jägerleutnants mit einem Einschussloch im Rücken (Bild 6) worauf Trebes (auf den Bildern an seinem Spitzbart erkenntlich) sofort den Befehl gab, das betr. Haus abzubrennen, was auch geschah.

Dann wurde ein Dorfbewohner (Bild 7 und 8) gebracht, der von anderen Einwohnern angeschuldigt wurde, deutsche Soldaten als Heckenschütze erschossen zu haben. Nach Aussage des Dolmetschers (im Khakikanzug neben Oblt. Trebes) gab der Mann zu, im Auftrag der Engländer als Soldat mitgekämpft und einen deutschen Soldaten getötet zu haben. Irgendwelche andere Dorfbewohner konnten keinerlei Mord- oder Plünderungstaten überführt werden und ich mischte mich nun in das Verhör und sagte Trebes, er soll nunmehr den Befehl zur Rückfahrt geben und den einen Kreter mitnehmen. Aber Trebes, dessen Gesicht völlig verzerrt war, befahl, alle Männer mit Ausnahme der Alten separat zu nehmen und die Weiber und Kinder wegzujagen. Dann befahl er dem Dolmetscher, den Weibern und Alten zu eröffnen, dass wegen Mord und Plünderungen an deutschen Soldaten alle Männer des Dorfes erschos-

36

sen würden, (Bild 9) und die Leichen innerhalb von 2 Stunden einzugra-
ben seien. Dann trieb man die Leute fort (Bild 11, 12).

Bild 7

Bild 8

Bild 9

Bild 11   Bild 12

Die Männer zwischen 18 und 50 Jahren standen nun allein auf dem Platz, ahnten aber noch nicht ihr Schicksal. Eine kurze Abwesenheit von Trebes benützte ich, um etwa 9 Männer, die mir am nächsten standen, wegzuschicken, d. h. ich ging mit ihnen durch die Postenkette und liess ihnen durch den Dolmetscher sagen, sie sollten sofort in die Berge fliehen und sich verstecken. In diesem Augenblick kam Trebes angerannt und fragte mich, was das zu bedeuten hätte. Ich antwortete ihm, diese Männer waren unter 18 und über 50 alt. Trebes schrie er verbitte sich endgültig meine Einmischung, ich machte unsere Leute nervös, er gebe mir den dienstlichen Befehl, mich zu entfernen, er mache Meldung über mich. Unter den von mir Geretteten befin[den] sich die rot angekreuzten Leute auf Bild 10.

Dann wickelte sich alles schnell ab. Trebes liess einen Halbkreis formieren (Bild 15) und gab den Feuerbefehl auf die schreienden Unglücklichen. Nach etwa 15 Sekunden war alles vorbei (Bild 16-19). Einzelne Gnadenschüsse wurden von einem Mann (B.20) und dem Luftwaffen-Inspektor (Bild 21) abgegeben.

Bundesarchiv, Bild 101I-166-0525-39
Foto: Weixler, Franz Peter | 2. Juni 1941

Bild 15   *und 16*

Bundesarchiv, Bild 101I-166-0525-29
Foto: Weixler, Franz Peter | 2. Juni 1941

Bundesarchiv, Bild 101I-166-0525-30
Foto: Weixler, Franz Peter | 2. Juni 1941

Bild 17 – 18

Bundesarchiv, Bild 101I-166-0525-38
Foto: Weixler, Franz Peter | 2. Juni 1941

Bild 19 -20

41

Bundesarchiv, Bild 101I-166-0527-06A
Foto: Weixler, Franz Peter | 2. Juni 1941

Bild 21 und 22

Bundesarchiv, Bild 101I-166-0527-04
Foto: Weixler, Franz Peter | 2. Juni 1941

Trebes und die Soldaten waren nach der Exekution fahl, es [sic] hatte in sei[] Erregung kaum bemerkt, dass ich trotz Verbotes die Fotos gemacht hatte. Ich fragte Trebes, ob er sich darüber klar sei, was er eben gemacht habe, worauf er mir antwortete, er habe nur einen Befehl von "Hermann" ausgeführt und seine toten Kameraden gerächt. - Wenige Tage darauf erhielt er für seine "Tapferkeit" auf Kreta von Göring das Ritterkreuz!

Wem Trebes dann den Vollzug des Mordbefehls meldete, weiß ich nicht, da ich mich infolge eines Nervenschocks sofort in mein Quartier begab. Meinen Film ließ ich in Athen von einem Freund entwickeln und Abzüge machen. Der Film wurde mir dann von meiner Dienststelle abgenommen, ich mußte die Erklärung abgeben, daß ich keinerlei Abzug bezw. Kopien besitze.

Es ist mir aber gelungen, die Abzüge und den eingangs erwähnten Befehl zu verstecken und später für meine aktive Tätigkeit gegen Hitler und sein Regime zu verwerten. Ich persönlich komme mein Leben lang nie mehr von dem entsetzlichen Erleben auf Kreta los und habe mir geschworen, zum gegebenen Zeitpunkt zu reden. Nun, nachdem Hermann Göring von nichts mehr weiss bezw. wissen will, scheint der Termin gegeben zu sein, ihn und seine verantwortlichen Befehlshaber auch an seine Blutschuld an dem kleinen kretischen Dorf Kondomari zu erinnern."

(Anmerkung: Der Text wurde in seiner ursprünglichen Fassung belassen und nicht nach der neuen deutschen Rechtschreibung bearbeitet)

c.   Diese o.a. eidesstattliche Erklärung von Weixler, vom 11. November 1945 vor dem Internationalen Gerichtshof in Nürnberg zweifelt Richter in allen Teilen an. Seite 269, 1. Absatz:

„Am 11. November 1945 übersandte er dem Internationalen Kriegsverbrechertribunal in Nürnberg einen Bericht über das Massaker von Kontomari. Darin behauptet er, dass es ihm verboten worden sei, Aufnahmen von der Exekution zu machen und er den Film habe abliefern müssen, aber zuvor habe er Abzüge herstellen lassen, die er durch den Krieg gerettet habe. Anfang 1944 sei er von der Gestapo verhaftet worden und bis Kriegsende in Haft geblieben."

2. Absatz:

„Weixlers 1945 verfasster Bericht über die Exekution ist mit gebotener Zurückhaltung aufzunehmen, besonders bezüglich dessen, was er über seine eigene Rolle schreibt. Auch die Behauptung, dass Trebes seine Fallschirmjäger „scharf" machte, indem er den Transport mehrmals anhalten ließ, um geschändete Leichen von Fallschirmjäger zu besichtigen und sie entsprechend zu kommentieren, ist nicht ganz glaubwürdig. Denn angesichts der damals in Kreta herrschenden Temperaturen wären die Leichen der gefallenen Fallschirmjäger am 2. Juni wohl kaum noch zu besichtigen gewesen. Sie wären schon beerdigt worden."

Jedoch sollte Herr Richter folgende Tatsachen erklären:

1. Wieso sollte Olt. Trebes sich an den Einwohnern von Kondomari rächen wollen, wenn der Verlust seiner Männer bei der Eroberung der Brücke von Tavronitis geschehen war. Logisch wäre dann wohl gewesen, dass Trebes die erfolgte Erschießung der Bewohner von Tavronitis selbst durchgeführt hätte und nicht in dem einige Kilometer entfernten Kondomari.

2. Wenn es sich um eine angeblich wilde Tat von Trebes handelte, wie war es ihm dann möglich, ohne die Einwilligung von höherer Stelle (Hauptmann Gerike als Bataillonsführer oder Major Stenzler als Kampf-

kommandant Chania) entsprechende Soldaten, Dolmetscher und Fahrzeuge zu bekommen?

3. Wieso ist bei dieser angeblich wilden Aktion von Trebes ein Kriegsberichterstatter anwesend, wenn dies doch ein sogenannter Privatrachefeldzug von Trebes war.

4. Weixler beschreibt genau, dass er von einem Ordonnanzoffizier angesprochen wurde, der ihn darauf hinwies, dass eine entsprechende Aktion wegen der Gräueltaten der Kreter durchgeführt wird.

5. Warum weist Richter nicht darauf hin, dass Weixler bei der Invasion und der Eroberung von Kreta mit der kämpfenden Truppe unterwegs war und dabei Bilder angefertigt hatte, die nicht nur den Vormarsch, sondern auch tote deutsche Soldaten zeigt?

6. Warum verwendet Richter die Fotos von Weixler (Abb. 115-118, sowie 120 und 121) jedoch als Abb. 119 ein von Hünger im Jahre 1942 veröffentlichtes Bild von Weixler mit folgendem Untertitel: *„Er schoss auf deutsche Fallschirmjäger. Ein kretischer Heckenschütze wird festgenommen"*?

Tafel 61

Er schoß auf deutsche Fallschirmjäger. Ein kretischer Heckenschütze wird festgenommen

Abb. 119 Das von Hünger veröffentlichte Foto eines der Opfer von Kondomari

45

(Aufnahmen aus dem Buch von Richter)

d.   Durch die geschickte und mit Sicherheit bewusste Anordnung der Bilder von Weixler und dem Bild mit dem Untertitel wird der Eindruck erweckt, dass bei dem Einfall von Trebes in Kondomari einer der Einwohner (Bild 119) auf die Soldaten geschossen habe und somit wäre, so die Meinung vieler, gemäß dem damaligen Besatzungsrecht eine unmittelbare Vergeltungsaktion zulässig.

e.   Gleichzeitig wird an verschiedenen Stellen in Richters Buch an der Person Trebes und seinem Wesen gerüttelt. Auf Seite 109 wird die Eroberung der Brücke von Tavronites durch Trebes in Zusammenhang mit der Erschießung von Kondomari erwähnt:

46

„Bei dieser Gruppe befand sich auch der Oberleutnant Horst Trebes, der später bei den Erschießungen von Kondomari eine üble Rolle spielte (s. S. 268)"

Seite 268, 3. Fußnote, nimmt Bezug auf ein Vorkommnis im August 1941, bei der Trebes einen Oberjäger erschoss:

„Horst Trebes (geb. 1916) war ein unbeherrschter Charakter mit Neigung zu unkontrollierter Gewalttätigkeit. Bis heute ist ein charakteristischer Fall unter den ehemaligen Fallschirmjägern, die in Halberstadt ausgebildet wurden, bekannt. Danach sollen sich er und Oberjäger Karl Polzin (geb. 1915) bei einer Feier ziemlich betrunken haben. Polzin soll anschließend in der Toilette eingeschlafen sein. Als Trebes ihn durch Faustschläge gegen die Tür nicht wecken konnte, soll er mit seiner Dienstpistole durch die Tür gefeuert haben. Der Schuß traf Polzin tödlich."

Und im Zusammenhang mit dem Prozess gegen General Student verweist Richter auf Seite 288 (Fußnote 3) auf ein rechtswidriges Verhalten von Trebes gegenüber Kriegsgefangenen.

„Da der Feindwiderstand sehr stark ist, geht Oblt. Trebes zurück, um Verstärkung zu holen. Er bringt die 25 Gefangenen und treibt sie zum Schutz des Stoßtrupps beim Angriff gegen die englischen Stellungen vor. Die Gefangenen laufen teilweise in ihre Stellungen zurück und eröffnen wieder das Feuer. Der Stoßtrupp zieht sich dann (…) zurück."

f.   Fehlende Namen, Bücher und Zuordnung von Bildern

Auffallend ist, dass man den Namen von Horst Trebes vergeblich im Namensregister findet, jedoch den von Oberjäger Karl Polzin. Das gleiche Phänomen betrifft den Kriegsberichter Weixler und dessen Eidesstattliche Erklärung. Auch werden die von Weixler gemachten Bilder nicht ihm, sondern anderen Personen, wie z.B Hünger zugeordnet, der auch nicht im Personenverzeichnis zu finden ist.

Obwohl Hünger und sein Buch besprochen werden, obwohl Richter auch das Bild 119 aus dem besagten Buch verwendet, findet sich im Literaturverzeichnis kein Hinweis auf dieses Buch, so dass ein interessierte Leser nicht feststellen kann, in welche Richtung das Buch von Hünger geht. Jedoch wird Hünger bereits in der Einleitung erwähnt: Seite 11, 2. Abs. (Überblick über die Historiographie)

„Etwas verblüffend ist, dass das im Parteiverlag der NSDAP erschienene Buch von Hünger und Stassl relativ wenig Propaganda enthält, aber sehr viele wertvolle Informationen, so z.B. über den britischen Archäologen und SOE-Angehörigen[4] Pendlebury"

Wie einfach wäre es doch gewesen, das Buch von (hier in der korrekten Schreibweise) Heinz Hünger und Erich Strassl dem Leser anzuzeigen: „Kampf und Intrige um Griechenland. (Deutsch) Hardcover – 1942"

Noch extremer zeigt sich das Verhalten von Richter gegenüber Weixler. Wie schon angesprochen, wird seine Erklärung nicht im Literaturverzeichnis erwähnt. Und die von Weixler angefertigten Bilder, die Richter jedoch in seinem Buch verwendet, werden unter anderen Namen verzeichnet. Hier die Liste der Bilder, die von Richter verwendete Zuordnung und die im deutschen Bundesarchiv registrierten Bilder von Franz Peter Weixler:

Bild	Zuordnung Richter	Bundesarchiv
64	Roth	101I-166-0508-16
107	ohne	101I-166-0509-14
115	Mathiopoulos	101I-166-0526-05
116	Mathiopoulos	101I-166-0525-23
117	Mathiopoulos	101I-166-0525-22
118	Mathiopoulos	101I-166-0525-26
119	Hünger	101I-166-0525-09
120	Mathiopoulos	101I-166-0525-39
121	Mathiopoulos	101I-166-0527-04

4Special Operations Executive

g.   Fazit

Die Art und Weise, wie Richter die von keinem Völkerrecht gebil-
ligte Erschießung der männlichen Einwohner von Kondomari behandelt,
ist gelinde gesagt nicht nur ein heftiger Schlag ins Gesicht der Angehörigen der Opfer von Kondomari, sondern gleichzeitig eine Reinwaschung,
eine „Carte Blanche", sowohl für Walter Gerike, den unmittelbaren Vorgesetzten von Trebes und späteren General der Fallschirmjäger der Bundeswehr, als auch eine Entlastung der beteiligten Fallschirmjäger, die ja von
Trebes für dessen angeblichen Privatrachefeldzug missbraucht wurden.

Man wird das Gefühl nicht los, dass hier der Versuch unternommen
wird, den 1944 gefallenen Horst Trebes charakterlich als eine unberechen-
bare Person zu schildern, dem die Menschen von Kondomari allein wegen
seiner persönlichen Unzulänglichkeiten zum Opfer gefallen sind. Nur hat
dieser Versuch einige entscheidende Schönheitsfehler, die jedem, der sich
mit der Geschichte der Wehrmacht und deren Vorgehensweise beschäftigt,
sofort ins Auge sticht.

1.   Die Kampfhandlungen hatten erst drei Tage zuvor geendet und die
Mehrzahl der auf der Insel befindlichen deutschen Soldaten hielt sich noch
im Süden auf. Dort hatten die Deutschen mit der Einsammlung der Kriegsgefangenen zu tun und mussten sichergehen, dass es nicht noch irgendwo
versteckte Verteidiger gab.

2.   Bedingt durch die lang anhaltenden Kampfhandlungen konnten natürlich nicht alle gefallenen deutschen Soldaten geborgen und beerdigt
werden. Weixler hat dies eindrucksvoll mit den zwei Bildern gezeigt, die
er auf dem Weg nach Kondomari anfertigte.

3.   Die Bereitstellung von Fahrzeugen für den Anmarsch auf Kondomari, eines Dolmetschers und eines Fallschirmjäger-Zugs konnte niemals
ohne die Genehmigung der Vorgesetzten erfolgen, da zu diesem Zeitpunkt,
bedingt durch die Insellage, noch nicht genügend Transportmöglichkeiten
vorhanden waren. Die von den Briten erbeuteten oder den Kretern abge-
nommenen Fahrzeuge benötigten die Deutschen für den schnellen Vormarsch.

4.   Auch zur Verteidigung von General Student muss Trebes herhalten, denn auf Seite 268, Abs. 2 wird folgende Behauptung aufgestellt:

„Zwar hatte Student angeordnet, dass ältere Offiziere die Maßnahmen leiten sollten, da er von diesen erwartete, dass sie sich weniger von Fanatismus leiten ließen, aber im Falle der Erschießungsaktion im Dorf Kontomari war der durchführende Oberleutnant Trebes gerade einmal 24 Jahre alt. Allerdings ist nicht ganz klar, ob es sich bei dieser Aktion um die von Student befohlene oder um eine wilde Aktion von Trebes handelte. Für letzteres spricht die kurze Zeit, die zwischen dem Erlass des Befehls durch Student (31.Mai) und der Mordaktion am 2. Juni lag."

Mit Hilfe der nächsten Sätze versucht Richter die Behauptung aufzustellen, dass dieser Befehl (für militärische Verhältnisse) lange brauchte, bis er umgesetzt wurde:

„Im Osten der Insel gab Ringel Students Befehl erst an diesem Tag weiter" (2.6. Anm. des Verfassers). *„Ob Ramcke ihn rascher weitergab, ist unbekannt. Wie dem auch sei, Tatsache ist, dass es keinen Hinweis gibt, dass die Mordaktion von der deutschen Führung (Student) autorisiert war."*

5.   Wer nun den Kampfbericht auf Seite 109, Abs.2 genau liest, wird feststellen, dass Oberleutnant Trebes die Leute von Tavronitis für den Verlust seiner Männer hätte verantwortlich machen müssen:

„Die Kampfgruppe Braun landete um 7.30 Uhr dicht an der Brücke und geriet sofort in starkes MG-Feuer aus Stellungen östlich des Flusses. Major Braun wurde getötet. Seine Männer schafften es, die Zündkabel der zur Sprengung vorbereiteten Brücke zu zerschneiden, die Brücke zu besetzen und die MG-Nester am Ostufer zum Schweigen zu bringen. Bei dieser Gruppe befand sich auch der Oberleutnant Horst Trebes …"

6.   Egal wie man es dreht und wendet, Richter versucht – und das mit allen Mitteln – ein durch Fallschirmjäger verursachtes Kriegsverbrechen als die Tat eines einzelnen deutschen Offiziers hinzustellen.

Der von Richter in den Raum gestellte Ablauf der Geschehnisse, der nicht der Wahrheit entsprechen kann, und der Umstand, dass die Vorgesetzten sehr wohl in diese Tat verwickelt waren, zeigen überdeutlich, dass Richter hier den Versuch unternimmt, diese und auch andere Taten, die gegen das Kriegsvölkerrecht verstießen, zu kaschieren. Mit historischer Aufarbeitung hat dies längst nichts mehr zu tun!

D. John Pendlebury - der kretische James Bond oder wie verunglimpfe ich englische Archäologen

a. Einführung

Auf über 9 Seiten (254 - 263) versucht Richter dem Leser zu vermitteln, dass es ohne die Hilfe, oder besser gesagt die Initiative, von Agenten des S.O.E. (Special Operation Executive) keinen Widerstand auf Kreta gegeben hätte, zumindest nicht so rasch und so massiv! Zum Vergleich führt er Serbien an, wo sich ebenso wie im besetzten Griechenland die Widerstandsgruppen erst im September 1941 gebildet hätten. Hierbei wird allerdings vergessen, dass sowohl Jugoslawien als auch das griechische Festland vom Einfall der Deutschen vollkommen überrascht wurden, wogegen die Kreter sich sozusagen moralisch auf den drohenden Überfall der Insel vorbereiten konnten.

b. John Pendlebury, der exzentrische Held

Jeder Krieg braucht seine Helden und oft genug, so wie im Fall von Pendlebury, werden die Taten einzelner Personen gerne verwendet, um die Wirklichkeit hinter solchen Geschichten zu verstecken, weil einem diese Wirklichkeit nicht in den Kram passt. Personen wie der britische Archäologe Pendlebury sind bestens dafür geeignet, das eigene Buch auch einer englischsprachigen Leserschaft schmackhaft zu machen. Und gleichzeitig kann gezielt der Widerstandswille der Kreter (oftmals zwischen den Zeilen) diskreditiert werden, ohne als Autor die Bevölkerung offen angreifen zu müssen.

Ausführlich breitet Richter das Leben von Pendlebury aus, schildert seine angeblichen guten Kontakte zu verschiedenen kretischen „Kapitanos" (Anführer von Widerstandsgruppen) und erzählt, wie der Engländer diese bereits im Vorfeld der Invasion zum bewaffneten Widerstand motiviert habe. Dass diese Anführer der Andarten – Richter vermeidet mit Absicht die richtige Bezeichnung –

51

erst zu einem späteren Zeitpunkt in Erscheinung traten, wird auch nicht angesprochen.

c.   Böse englische Archäologen – alles feindliche Agenten

Folgt man Richters Beschreibung, so waren sämtliche auf Kreta tätigen britischen Archäologen Agenten des S.O.E., selbst die Studenten waren darin eingebunden und die zentrale Figur, der Mastermind, war natürlich Pendlebury.

Warum diese Hervorhebung der britischen Archäologen? Richter schlägt damit zwei Fliegen mit einer Klappe. Zum einen verneint er den spontanen Willen der Kreter zum Widerstand, der durch die Haager Landkriegsordnung mit Artikel 2 und 3 abgedeckt wäre, und zum anderen lenkt er geschickt davon ab, dass mit der Besetzung von Griechenland und Kreta ein Raubzug an Kunstschätzen begann, die hauptsächlich unter der Führung der „braven" deutschen Archäologen erfolgte. Fehlt nur noch das Argument: „Die in den deutschen Museen vorhandenen antiken Gegenstände wurden vor dem gierigen Zugriff der Briten in unser Museum gebracht". Dass die deutschen Archäologen ihrerseits für die deutschen Dienststellen gearbeitet haben und Pendlebury im Auge behielten, schreibt Richter allerdings nur als Fußnote 7 auf Seite 256 und übergeht die Verstrickung der deutschen Archäologen in das Nazi-System.

Wie sehr die deutschen Archäologen darin verstrickt waren, erkennt man daran: *„Der amtierende Direktor des Deutschen Archäologischen Instituts in Athen (DAI), Walther Wrede, publizierte 1942 im Jahrbuch der Auslands-Organisation der National-Sozialistischen Deutschen Arbeiter-Partei Auszüge aus seinem Tagebuch. Ganz unverhohlen schildert er seine Begeisterung beim Einmarsch der deutschen Truppen in Griechenland. Es wird auch deutlich, daß er bereits vor dem Einmarsch der Deutschen an konspirativen Plänen beteiligt war. Seit 1935 bekleidete er das höchste Amt in der für Griechenland-Deutsche gegründeten NSDAP (Landesgruppenleiter)."*[5]

d.   Kapitanos

Mit vielen Worten und Ausschweifungen, natürlich versehen mit englischen Einfügungen, versucht Richter die Rolle von Pendlebury zu einem Superagenten hochzustilisieren. Da wird von seinen ausgiebigen Wanderungen genauso

---

5 **Basileios Petrakos (Ta archaia tis Ellados kata ton polemo 1940-1944, Mentor 7, Heft 31, Athen 1994, S. 69-185).**

gesprochen wie von der Tatsache, dass der englische Archäologe das Kretische beherrschte wie ein Einheimischer und ihm deswegen großes Vertrauen entgegen gebracht wurde.

Jedoch auch hier, wie in allen Teilen des Buches vermeidet Richter den gängigen Ausdruck für die Widerstandsbewegung der Kreter, die Bezeichnung „Andartes" – obwohl ihm doch als Kenner der griechischen Geschichte dieser Ausdruck sehr geläufig sein sollte, da er den Unabhängigkeitswillen der Kreter am besten zum Ausdruck bringt. Andarte bedeutet Widerstand.

Man stelle sich einmal vor, jemand würde ein Werk über den französischen Widerstand schreiben und jene Männer und Frauen nur als Partisanen oder Irreguläre bezeichnen. Ein Aufschrei unter den Historikern würde berechtigterweise ertönen. Doch genau das macht Richter.

Selbst wenn es um die Kapitanos geht, lediglich zwei werden namentlich erwähnt, wird das Wort „Andarte" nicht verwendet. Unter Wikipedia finden wir folgendes: *„Andartis, Plural Andarten, (griechisch Αντάρτης) ist die griechische Bezeichnung für einen Partisanen. Sie entstanden in Verbindung mit dem griechischen Kampf um Makedonien (griechisch Μακεδονικός αγώνας) im 19. Jahrhundert."* [6]

Dass bestimmte Bereiche von Kreta schon immer die Zentren des Widerstandes waren, ist unbestritten. Doch wie wir aus griechischen Publikationen wissen, bildeten sich diese späteren Gruppierungen erst im Juni 1941 nach der vollständigen Besetzung der Insel und hatten auch nicht in die ersten Kämpfe eingegriffen, wie Richter unterschwellig versucht, dem Leser auf die Nase zu binden.

Richtig ist, dass sowohl der in Richters Buch erwähnte Kapitano Antonis Grigorakis, genannt Satanas und Bandouvas, als auch der später unter dem Namen „Der Löwe vom Psiloritis" bekannt gewordene Petrakogeorgis gegen die Invasion der Deutschen kämpften. Doch erst zu einem späteren Zeitpunkt formierten sie ihre Widerstandsgruppen, die aber bereits seit den Widerstandsaktionen gegen den damaligen Diktator Metaxas bestanden.

Pendlebury brauchte also nicht erst irgendwelche Gruppen zum Kampf gegen die Deutschen anzuspornen. Leuten, die sich mit der Geschichte von Griechenland auskennen, und so sollte es auch bei Richter sein, ist dieser Umstand hinlänglich bekannt.

---

6   https://de.wikipedia.org/wiki/Andartis

E. Berechtigter Widerstand gemäß Artikel 2 und 3 der Haager Landkriegsordnung

a.   Kapitel 1 der Haager Landkriegsordnung in der Fassung, wie sie zur Zeit des Überfalls auf Kreta gültig war, in Bezug auf die „Zusammenrottung" von Zivilisten

Erstes Kapitel.
Begriff des Kriegführenden.
Artikel 1.
Die Gesetze, die Rechte und die Pflichten des Krieges gelten nicht nur für das Heer,
sondern auch für die Milizen und Freiwilligen-Korps, wenn sie folgende Bedingungen
in sich vereinigen:
1. dass jemand an ihrer Spitze steht, der für seine Untergebenen verantwortlich ist,
2. dass sie ein bestimmtes aus der Ferne erkennbares Abzeichen tragen,
3. dass sie die Waffen offen führen und
4. dass sie bei ihren Unternehmungen die Gesetze und Gebräuche des Krieges beobachten.
In den Ländern, in denen Milizen oder Freiwilligen-Korps das Heer oder einen Bestandteil des Heeres bilden, sind diese unter der Bezeichnung "Heer" einbegriffen.
Artikel 2.
Die Bevölkerung eines nicht besetzten Gebiets, die beim Herannahen des Feindes aus eigenem Antriebe zu den Waffen greift, um die eindringenden Truppen zu bekämpfen, ohne Zeit gehabt zu haben, sich nach Artikel 1 zu organisieren, wird als
kriegführend betrachtet, wenn sie die Waffen offen führt und die Gesetze und Gebräuche des Krieges beobachtet.
Artikel 3.
Die bewaffnete Macht der Kriegsparteien kann sich zusammensetzen aus Kombattanten und Nichtkombattanten. Im Falle der Gefangennahme durch den Feind haben die einen wie die anderen Anspruch auf Behandlung als Kriegsgefangene.

b.   Artikel 1

Würde man diesen Artikel wörtlich nehmen, verstießen alle Kommandounternehmen, bei denen sich die Soldaten logischerweise tarnen, alle dem Feind gelegten Hinterhalte sowie alle gut getarnten Verteidigungsstellungen gegen diesen Artikel. Denn weder ist das aus der Ferne erkenntliche Abzeichen zu sehen, noch werden in solchen Fällen die Waffen offen getragen. Versteckte Scharfschützen, Sniper oder Heckenschützen wären dann ebenso unerlaubt wie das Attackieren des Gegners im Nahkampf mit dem Spaten oder anderen Gegenständen.

Bei keiner erfolgreichen militärischen Aktion, egal von welcher Armee ausgeführt, können alle vier Bedingungen gleichzeitig erfüllt werden. Somit muss jede der Bedingungen auch als Einzelfaktor zur Legitimierung eines bewaffneten Kampfes angesehen werden.

Wenn also, wie auf Kreta, eine militärische Person das Kommando übernommen hat, trägt er auch die Verantwortung für die mit ihm kämpfenden Personen – und deshalb ist eine der Bedingungen von Artikel 1 erfüllt.

c.   Artikel 2

Wenn wie im Falle Kretas ein überraschender Angriff durch eine feindliche Macht den Kampfwilligen die Möglichkeit verschließt, sich entsprechend Artikel 1 zu formieren, dann gelten sie als legale Kombattanten.

Die Sammelstellen von Miliz und Militär befanden sich auf Kreta in den Regionalhauptstädten Chania, Rethymnon, Iraklion und Agios Nikolaos, die jedoch, außer der Letztgenannten, direktes Angriffsziel der Deutschen waren. Der Weg, sich „ordnungsgemäß" in die Verbände der Verteidiger einzureihen, war den Kampfwilligen somit größtenteils verwehrt. Was jedoch nicht bedeutet, dass ein Reservist diese Lage als eine Entschuldigung für eine Nichtaufnahme des Kampfes vorbringen konnte.

So seltsam die nachstehenden Erwägungen manchem Leser vielleicht erscheinen mögen, so ist meines Erachtens doch folgende Situation gegeben:

1.   Solange ein Gebiet, ein Land, nicht unter die Gesetze des Besatzungsrechts fällt, gelten für jeden Einwohner eines angegriffenen Staates noch immer die Gesetze seines Landes. Diese werden auch nur bedingt durch das vom eigenen Land verhängte Kriegsrecht aufgehoben.

2.		Jeder Mann (heute auch Frau), der als Soldat seinen Dienst tut, leistet entsprechend der Regularien seines Landes einen verbindlichen Eid, der ihn zur Landesverteidigung verpflichtet. Wird nun diese militärische Person aus dem Dienst entlassen, so entsteht ein Paradoxon, das wahrscheinlich vielfach in Vergessenheit geraten ist oder schlicht nicht beachtet wird: In keinem mir bekannten Land werden ausscheidende Militärangehörige von ihrem Eid entbunden. Somit ist jede Person, die einmal diesen Eid geleistet hat, und noch im Stande ist, sich bei der Verteidigung des eigenen Landes einzubringen, verpflichtet, sich aktiv gegen den eindringenden Feind zur Wehr zu setzen.

3.		Seit der französischen Revolution gibt es die auch in der Haager Landkriegsordnung anerkannte **„Levée en masse",** die spontane Volkserhebung bei einem Angriff auf das eigene Land. In Belgien wurden im 1. Weltkrieg die einfallenden deutschen Truppen mit einer solchen Volkserhebung konfrontiert, die mit ebenso drastischen Mitteln beantwortet wurde, wie dies auf Kreta geschah. Die Niederschlagung dieses Aufstandes, vor allem aber die Repressalien wurden als Kriegsverbrechen eingestuft und deutsche Generäle sollten deswegen an Belgien ausgeliefert werden. Somit waren auch die spontanen Angriffe der Zivilisten auf Kreta gegen die deutschen Invasoren gemäß der Haager Landkriegsordnung legitim. Wer dies nicht anerkennen will, tut dies bewusst, um ein schlechtes Licht auf die Legitimität des zivilen kretischen Widerstandes zu werfen.

4.		In keinem Passus der Haager Landkriegsordnung steht, dass Säbel, Jagdflinten, museumsreife Karabiner, Äxte und Knüppel als Waffen gegen die Kriegsgesetze verstoßen. Von Soldaten geführte Bajonette hält Richter für zulässig, den Kampf mit einer Sichel gegen den Angreifer bezeichnet er dagegen als archaisch. Versteckt sich ein Soldat hinter einem Baum, um den vorbeiziehenden Feind von hinten mit dem Messer außer Gefecht zu setzen, gilt bei Richter als ehrenhaft, das gleiche Verhalten bei Zivilisten verstößt seiner Meinung nach gegen die Gesetze des Krieges.

#### d.		Artikel 3

Nochmals zur Erinnerung: „Die bewaffnete Macht der Kriegsparteien kann sich zusammensetzen aus Kombattanten und Nichtkombattanten. Im Falle der Gefangennahme durch den Feind haben die einen wie die anderen Anspruch auf Behandlung als Kriegsgefangene".

In keinem der erwähnten Beispiele eines Zusammentreffens von deutschen Truppen und Zivilisten (von Richter verächtlich immer nur als Irreguläre bezeichnet) ist zu lesen, dass die Deutschen solche Kombattanten als Kriegsgefangene festgenommen haben. Stellt sich natürlich die zwingende Frage, was geschah mit diesen „Irregulären"? Eine Antwort ist in Richters Buch nirgends zu finden. Man muss davon ausgehen, dass diese Personen entgegen der Haager Landkriegsordnung unmittelbar nach Ergreifen erschossen wurden. Weder in griechischen noch in deutschen Quellen wird von Gefangennahme oder Verwundung gesprochen, so dass wir annehmen müssen, dass auch verwundete Zivilisten hingerichtet wurden. Für das schnelle Vorrücken der deutschen Einheiten wären die Gefangennahme und Bewachung ein unbequemes Hindernis gewesen.

F. Richters seltsame Beweisführung

a. Vorbemerkungen

Je intensiver man sich mit Richters Buch befasst, umso mehr gewinnt man den Eindruck, dass dieses Werk nicht darauf abzielt, dem interessierten Leser ein wertneutrales Bild der Geschehnisse zu vermitteln. Zu offensichtlich ist der ständige Versuch des Autors, die berechtigte Gegenwehr der kretischen Bevölkerung zu diffamieren und den Aggressor, die deutschen Invasionstruppen, nicht als Täter, sondern als Opfer des in seinen Augen illegalen Widerstands zu stilisieren.

Um diese These zu untermauern, bedient sich Richter verschiedener Quellen, die allerdings mehr Fragen als Antworten aufwerfen und einfach nur deutlich machen, welche seltsame Beweisführung er anwendet. Diese Methode hat wahrlich nichts mehr mit „akademischer Gründlichkeit" zu tun.

b. Beispiele

1. Seite 270, 4. Absatz :
„Am 4. Juni 1941 legte der Kriegsgerichtsrat Joachim Schölz vom AOK 12, nachdem er zwischen dem 26. Mai und dem 11. Juni auf Kreta 32 Zeugen vernommen hatte, seinen Bericht vor. Er konzentrierte seine Untersuchung auf die Angehörigen der Gebirgsjäger. Die Kommandeure der Regimenter 95 und 85 erklärten, dass es in ihrem Bereich keine Vorfälle gegeben habe. "

Anscheinend ist dieser Bericht in Delphi und mit Hilfe des dortigen Orakels geschrieben worden, denn der Kriegsgerichtsrat kannte bereits die Aussagen, der noch nicht von ihm vernommenen Soldaten in der Zeit vom 4. bis 11. Juni.

Bemerkenswert ist dabei folgender Umstand: Das 1. Bataillon des Geb.-Jäg.Regiments 141 musste nach heftigen Kämpfen am 27. Mai alle 124 Verwundeten zurücklassen, die am nächsten Tag tot und in vielen Fällen verstümmelt aufgefunden wurden. Hier zitiere ich wörtlich:

„Die Engländer hätten die Gefangenen gut behandelt. Mancher hätte sein letztes Essen und seine letzte Zigarette mit einem Fallschirmjäger geteilt. Ein englischer Offizier habe ein Zivilperson erschossen, weil sie sich an einem deutschen Gefangenen vergreifen wollte."

In Fußnote 4 heißt es: *„Es dürfte sich um die Kämpfe an der 42. Straße gehandelt haben."*

Wer nun die Berichte über den Kampf an der 42. Straße liest (Seite 216 - 219) und sich näher mit der Geschichte der australischen und neuseeländischen Truppen beschäftigt, der bemerkt sofort, dass es sich dabei um eines der härtesten Gefechte während des gesamten Kreta-Feldzuges handelt. Doch nirgends ist zu lesen, dass Zivilisten (Verzeihung, „Irreguläre") an dieser Auseinandersetzung teilgenommen haben.

Nun schlägt Richter zwei Fliegen mit einer Klappe und kann sich jeweils geschickt herausreden. Wenn also keine Zivilisten beteiligt waren, dann können es nur die feindlichen Soldaten gewesen sein, die über die verwundeten Deutschen hergefallen sind. Mit dem Hinweis, dass ein Offizier der Engländer, die übrigens an der 42. Straße nicht mitgekämpft haben, einen Zivilisten erschossen haben soll, kann sofort das Gegenteil behauptet werden (altbekannter Bibeltrick).

2.   Seite 271, 3. Absatz und Fußnote 5 – Es mutet schon etwas seltsam an, wenn Richter einerseits den überzeugten Nazi Dr. Hellmuth Unger, Pressereferent des Rassenpolitischen Amts der NSDAP und geistiger Vorbereiter des Euthanasiefilms „Ich klage an", als Quelle anführt und gleichzeitig dessen Bericht, der im Auftrag des Inspekteurs des Sanitätswesens der Luftwaffe angefertigt wurde, als irreführend abtut.

Angeblich, so Richter in seiner Beweisführung, habe der besagte Dr. Unger mit den falschen Leuten über die Geschehnisse auf Kreta gesprochen. Zudem habe Unger das Ausmaß der Ausschreitungen nicht begriffen *„oder er versuchte die Sache zu verharmlosen und die Zahl herunterzuspielen, um negativen Reaktionen in der deutschen Öffentlichkeit vorzubeugen."*

Fragt sich nur, wie ein solcher Bericht, der bestimmt als geheim einge-
stuft wurde, an die Öffentlichkeit geraten sollte. Und ausgerechnet ein Nazi soll,
obwohl von allen Seiten der Versuch unternommen wurde, die „Irregulären" zu
verdammen, genau das Gegenteil vorbringen?

Hierzu noch eine kurze Anmerkung zum Thema Gespräche mit Augen-
zeugen: In den wenigen Tagen, die Richter für seine Recherche auf Kreta ver-
brachte, hat der Autor mit keinem einzigen noch lebenden kretischen Augenzeu-
gen gesprochen, geschweige denn in seinem unvollständigen Literaturverzeichnis
Augenzeugenberichte von kretischer Seite erwähnt.

3.   Seite 112 - 114 sowie Seite 189 - 190 und Fußnote 3 – Die Ereignisse
von Kissamos-Kastelli müssen es Richter besonders angetan haben. Grund dafür
ist wahrscheinlich die Tatsache, dass bei diesen Ereignissen griechische Soldaten
eine Rolle spielten, die jedoch gleich im ersten Absatz auf Seite 112 etwas herun-
tergespielt wird: *„Die griechischen Soldaten waren mit veralteten Waffen ausgerüstet und hatten nur wenig Munition."*

Auch im veröffentlichen Bild 126 (volkstümliche kretische Darstellung
aus der Nachkriegszeit) sowie Bild 137 (Gedenkmarken zum 50. Jahrestag der Invasion, Ausgabedatum 20.5.1991) wird dieses Ereignis behandelt.

Es folgt nun eine Beschreibung der tragischen Ereignisse, die zur fast
vollständigen Vernichtung eines verstärkten Zuges des II. Fallschirmjägerbatail-
lons führte. Wobei es im zweiten Absatz sofort wieder heißt:

*„Innerhalb von 10 Minuten sei die Abteilung zusammengeschossen
worden. Die Zivilbevölkerung habe sich auf unglaublich brutale Weise an den
Toten vergangen. Nur die mutige Intervention der Briten habe den Verwundeten ein ähnliches Schicksal erspart. Es habe 60 Tote gegeben."*

Die Zahl der Toten auf beiden Seiten werden von unterschiedlichen Autoren auch unterschiedlich angegeben, doch entscheidend ist folgende Aussage
(Absatz 3, D. M. Davin):

*„Die Fallschirmjäger seien durch die griechischen Regulären unter der
Führung ihres neuseeländischen Ausbilders, Major T. Bedding, sowie durch
Irreguläre zusammengeschossen worden."* Und etwas weiter unten: *„Bedding
rettete die Überlebenden vor den Lynchbestrebungen der Irregulären, indem er
sie mit Unterstützung durch seine Truppen* (gemeint sind wohl die Griechen)
und einige Gendarmen in das örtliche Polizeigefängnis brachte".

Doch auf Seite 113, 2. Absatz wird folgendes über die Verwundeten geschrieben:

„Tatsächlich wurden die Fallschirmjäger von den griechischen Sol-
daten zusammengeschossen, und die hohe Zahl der Toten erklärt sich wohl
daraus, dass außer Gefecht gesetzte Soldaten, also Verwundete, von den Irregu-
lären massakriert wurden, wobei die Regulären und ihre neuseeländischen
Ausbilder allerdings nur selten rechtzeitig einschritten, um dies zu verhindern.
Dies ist der Tenor der 11 eidesstattlichen Versicherungen über die Vorgänge in
Kastelli“.

Nach neuseeländischen Angaben waren 48 Fallschirmjäger tot und 28 ergaben sich. Nach deutschen Angaben 54 getötet und 20 verwundet.

Von Seite 189 - 192 geht die Geschichte der gefangenen Fallschirmjäger
und deren Befreiung weiter, wobei – und das ist schon sehr merkwürdig – einerseits lang und breit die Aussage eines deutschen Soldaten in den Text eingearbeitet wurde, Richter aber gleichzeitig dessen Glaubwürdigkeit anzweifelt.

Auch hier darf natürlich die Anspielung auf das Verhalten der Kreter
nicht fehlen und so wird gleich zweifach der angebliche Beweis der korrekten
Darstellung erbracht und doch auch wieder (Bibeltrick) infrage gestellt.

Beweis Nr. 1, ein Buch aus dem Jahr 1941 von Major Flecker, Gebirgsjäger auf Kreta, der da schreibt:

„Als wir in die Kellerräume einbrachen, fanden wir dort drei höhere
neuseeländische Offiziere vor, die nach ihrer Aussage die Fallschirmjäger mit
gezogener Pistole vor der Ermordung durch die Freischärler geschützt hatten.
Eine schöne Geste, nach so vielen Opfern.“

Beweis Nr. 2: Warum Richter nun auch noch General Ringel und dessen
Aussage (siehe Seite 190, Fußnote 3) zitiert, die sehr ausgeschmückt in einem von
den Gebirgsjägern herausgebrachten Buch steht, ist nicht nachvollziehbar. Außer
der Tatsache, das genau dieses Buch auch heute noch bei den Gebirgsjägern gerne
herangezogen wird, wenn es um die „Heldentaten“ geht. Allerdings verwendet
Richter dabei nicht die Passage aus der deutschen Originalquelle, sondern in
Ringels Nachkriegsreport für die Historical Division der USAREUR p.62 in englischer Sprache:

„The FS Jgrs who where interned in the city-jail could be freed in the
nick of time, after three Australian officers who had found refuge from the Stu-
ka attack in the cellar of the jail, had protected them, pistol in hand from be-
eing killed by inhuman guerillas.“

4.   Seite 270, 2. Absatz und Fußnote 1 - Bemerkenswert und zugleich verwirrend ist dieser Abschnitt, denn zum einen widerspricht er der grundlegenden

Überzeugung von Richter, dass die Beteiligung von Zivilisten gegen die Haager Landkriegsordnung verstößt und gleichzeitig werden aber auch wieder Vorwürfe laut. Ungekürzt gebe ich hier den gesamten Absatz wieder:

„Der Bericht vom 14. Juli stellte fest, dass in ganz Kreta, besonders aber im westlichen Teil, Polizisten und Zivilisten am offenen Kampf teilgenommen hätten. Die Zivilisten hätten stellenweise einen nach militärischen Grundsätzen organisierten Widerstand geleistet.

'Gefallene und Verwundete wurden – vorwiegend von der Zivilbevölkerung – ausgeplündert und ihrer Bekleidungsstücke beraubt. An Leichen gefallener Soldaten wurden unzählige Verstümmlungen festgestellt; abgeschnittene Geschlechtsteile, ausgestochene Augen, abgeschnittene Ohren und Nasen, Messerstiche im Gesicht, auf der Brust, im Bauch und am Rücken, Schnitte an der Kehle und abgehackte Hände. Bei den festgestellten Verstümmlungen dürfte es sich vorwiegend um Leichenschändungen handeln. Nur in den Einzelfällen sprechen die Umstände dafür, dass auch Verwundete misshandelt und gequält worden sind.'"

Die Leichenschändungen seien fast fast ausschließlich durch kretische Zivilisten begangen worden. Gegnerische Soldaten hätten nur in ganz wenigen Einzelfällen Übergriffe begangen.

„Die Engländer haben im Gegenteil Wert auf ordnungsgemäße Behandlung Gefangener gelegt, Übergriffe der griechischen Soldaten und Zivilisten verhindert." (Fußnote 1)

5.   Seite 272, 2. Absatz sowie Fußnote 2 – Zur Rechtfertigung der von Deutschen begangenen „Repressalien" wartet Richter mit der Feststellung auf: *„Leider waren derartige Repressalien zu jener Zeit in allen Armeen üblich."*
Es folgen Auflistungen von Androhungen der US-Armee, Frankreich und England. Hierfür verwendet Richter Zitate aus dem Buch von Hans Laternser: „Verteidigung deutscher Soldaten – Plädoyers vor alliierten Gerichten".

Das solche Androhungen eine verständliche Reaktion auf die vielen von deutschen Stellen durchgeführten Vergeltungsaktionen in ganz Europa waren, kann man daran erkennen, dass erst 1943 von General Patton so etwas verkündet wurde.

Ob dies nun vom Völkerrecht abgesichert war, darauf kommen wir später eingehend zurück.

6.   Seite 272, Absatz 3 und 4 - Was diese beiden Einbringungen mit dem Beginn des Partisanenkriegs zu tun haben, entzieht sich meiner Kenntnis, denn zum

einen wird im 3. Absatz von einer Äußerung Goebbels über die angeblichen Gräueltaten der Maori gesprochen: *„Abschließend sollen noch zwei etwas bizarre Ereignisse im Zusammenhang mit den Völkerrechtsverletzungen bei den Kämpfen in Kreta registriert werden. Am 26. Mai berichtete der UP-Korrespondent R.D. McMillan aus Alexandria über Greueltaten der Maoris. Goebbels hielt dies auf der täglichen Ministerkonferenz am 30. Mai für das `Krasseste und Eindeutigste, was von gegnerische Seite je über derartige Dinge zugegeben worden sei."*

Zum anderen schreibt Richter im 4. Absatz zusammenhanglos über Max Schmeling, der wegen einer Sprungverletzung und Ruhrerkrankung in einem Athener Lazarett lag und dort von einem amerikanischen Journalisten befragt wurde. Der Boxer kam wahrscheinlich nur deswegen in Richters Buch, da er bis zum heutigen Tage als einer der ganz Großen des Sports angesehen wird und aus Propagandazwecken bei der Landung auf Kreta eingesetzt war.

G.   Richters Probleme mit Kandanos und Floria

Dass Richter erhebliche Probleme mit den Vorgängen bei Kandanos und Floria hat, sieht man allein schon daran, auf welche Art und Weise er Aussagen verwendet, die sich teilweise sogar widersprechen. Die sonst so klare Abhandlung von Autor 1 über militärische Aspekte und Abläufe wird ständig verlassen. Gut zu erkennen sind die vom Autor 2 (Richter) versteckten und offensichtlich bewusst eingebrachten „Hinweise" auf die von den Kretern begangenen Kriegsverbrechen oder Gräueltaten.

Wer hingegen den historischen Ablauf des Kampfgeschehens während der drei Invasionstage kennt und wem die von Richter in keinster Weise auch nur mit einer Silbe erwähnten Aussagen von kretischen Kämpfern bekannt sind, die bei diesen Auseinandersetzungen mitgewirkt haben (und deren Darstellung in verschiedenen griechischen Büchern veröffentlicht wurden), der muss sich doch die Frage stellen, welche Absicht sich hinter dieser Verdrehung der wirklichen Vorgänge verbirgt.

„In bester Nazi-Manier: Die Gedenkstätte für getötete deutsche Soldaten. Bereits 1941 hatte die 5. Gebirgsdivision eine Gedenkstätte für die 14 im Kampf bei Floria getöteten deutschen Soldaten errichtet, deren Tod als Be-

gründung für die Vergeltungsmaßnahme in Kandanos herangezogen wurde. Ein steinernes Halbrelief zeigt in bester Nazi-Manier martialisch Handgranaten schwingende Landser: „Gefallen für Großdeutschland am 23.5.1941."

Die Gedenkstätte der Gebirgsjäger steht heute genau gegenüber der Gedenkstätte für die Opfer aus Floria. Sie wurde Anfang der 1990er-Jahre auf Initiative eines Hauptmanns im Ruhestand der Gebirgsjägerkameradschaft Oberfranken originalgetreu wiederhergestellt, nachdem einige Jahre zuvor die abgebröckelten Schriftzüge durch das Gams-Emblem der Gebirgsjäger ersetzt worden waren.

Die auch in deutscher Sprache ausgeschilderte Gedenkstätte soll die Erinnerung an die Opfer des Krieges wachhalten, wobei jedoch vor allem die gefallenen Wehrmachtssoldaten als Opfer definiert und die „Vergeltungsmaßnahmen" gegen ZivilistInnen durch Angehörige der Wehrmacht nicht thematisiert werden. Gleiches gilt für die umfangreiche Dokumentation des Denkmals, die in der nahen Taverne aushängt."[7]

Also zerlegen wir einmal das in Richters Buch Beschriebene:

1.   Seite 185, letzter Absatz und Fußnote 8 – Mit der Aufforderung von Charalambos Seiradakis, einem Oberst der nun plötzlich doch vorhandenen Miliz (deren Existenz Richter mehrmals verneint), an die Zivilbevölkerung von Kandanos, diese Truppe zu unterstützen, waren die Bedingungen des ersten Artikels der Haager Landkriegsordnung erfüllt! Die Gendarmen (Chorofylakes) und die Feldhüter (Agrofylakes) hatten unterschiedliche Uniformen und waren somit nicht einheitlich im Kampf erkennbar:

„In den vergangen Tagen hatten sich die Fallschirmjäger in der Gegend des Dorfes Voukolles an der durch den Tavronitistal nach Süden führenden Straße nach Palaiochora schon mehrfach mit Gendarmerieeinheiten und Irregulären herumschlagen müssen und Verluste erlitten. In der Tat war auf Befehl des griechischen Kriegsministeriums Anfang Mai 1941 versucht worden, mit dem Aufbau einer kretischen Miliz zu beginnen. Doch nur im Bereich des Gendarmeriekommandos Selino war tatsächlich etwas unternommen worden. Dort wurden die Gendarmen (Chorofylakes) und die Feldhüter (agrofylakes), zusammen etwa 200 Mann, bewaffnet. Als der Angriff auf Kreta begann, rief der Kommandeur dieser Truppe, Oberst Charalambos Seiradakis, die Zivilbevölkerung zur Unterstützung seiner Truppe auf."

---

7   http://www.gedenkorte-europa.eu/de_de/floria.html

2.   Seite 186 Absatz 1 und 2 – Diese Aussagen, die die Anwesenheit und den Rastplatz der deutschen Soldaten betreffen, stimmen mit den Aussagen der griechischen Zeitzeugen überein.

3.   Seite 186 Absatz 3 – Richter beschreibt den Angriff der Kreter und die Aktionen der sich verteidigenden Deutschen. Doch gleichzeitig werden auch hier wieder die zur Unterstützung der „Miliz" kämpfenden Zivilisten als Irreguläre bezeichnet, wobei deren Verlustzahlen angegeben werden, jedoch nicht die der „Miliz".

Hierzu Richter: *„**Die Angriffe waren hauptsächlich von den Gendarmen vorgetragen worden, die Irregulären hatten nur eine unterstützende Rolle. Die Tatsache, dass alle Gebirgsjäger bis auf einen tot waren, und es keine Verwundeten gab, lässt es nicht unwahrscheinlich erscheinen, dass die Irregulären hier am Werk waren**."*

In dem selben Abschnitt, widerspricht sich Richter, da er von zwei Überlebenden spricht, die dann, siehe Fußnote 6, in die Hände eines älteren Milizionärs gegeben wurden:

„Flecker, op. cit., p. 165. Nach Angaben von Seiradakis soll dieser Überlebende in die Obhut eines älteren Milizionärs gegeben worden sein, weshalb er wohl überlebte. Seiradakis, op. cit. p., 26."

Mit Gewehren und Handgranaten, so Richter, griffen die Gendarmen an, und den Soldaten blieb nichts anderes übrig, als sich in den umliegenden Häusern zu verschanzen. Obwohl ihnen angeboten wurde, sich zu ergeben, hatten jedoch die beiden letzten Gebirgsjäger es vorgezogen, kämpfend zu sterben.

Wer jemals im Verlauf seiner militärischen Ausbildung im Häuserkampf trainiert wurde, der weiß, dass die Überlebenschancen sehr gering sind, wenn es dem massiv anstürmenden Feind gelingt, in die Gebäude einzudringen. Warum? Da die gegnerischen Soldaten sich dem Feuer der Verteidiger nicht ungeschützt aussetzen wollen und in den meisten Fällen auch nicht wissen, wo genau sich die Kämpfer im Haus verschanzt haben, schleudern sie Handgranaten ins Innere. Es braucht hier nicht näher darauf eingegangen zu werden, welche grauenhafte Verstümmelungen   durch explodierende Wurfgeschosse in geschlossenen Räumen hervorgerufen werden.

Hier muss man die Frage stellen, warum Richter die Betonung erneut auf die angeblichen Untaten der Irregulären legt, wenn doch dieser Kampf eindeutig nach den Regeln der Haager Landkriegsordnung geführt wurde? Erinnern wir uns:

„Art. 1 **Abkommen betreffend die Gesetze und Gebräuche des Landkriegs**

Die Gesetze, die Rechte und die Pflichten des Krieges gelten nicht nur für das Heer, sondern auch für die Milizen und Freiwilligenkorps, wenn sie folgende Bedingungen erfüllen:

1. *wenn jemand an ihrer Spitze steht, der für seine Untergebenen verantwortlich ist,*

2. *wenn sie ein festes, aus der Ferne erkennbares Abzeichen tragen,*

3. *wenn sie die Waffen offen führen und*

4. *wenn sie bei ihren Unternehmungen die Gesetze und Gebräuche des Krieges beobachten.*

In den Ländern, wo Milizien oder Freiwilligenkorps das Heer oder einen Bestandteil des Heeres bilden, sind diese unter der Bezeichnung «Heer» inbegriffen.

Art. 2

Die Bevölkerung eines nicht besetzten Gebiets, die beim Herannahen des Feindes aus eigenem Antriebe zu den Waffen greift, um die eindringenden Truppen zu bekämpfen, ohne Zeit gehabt zu haben, sich nach Artikel 1 zu organisieren, wird als kriegführend betrachtet, wenn sie die Waffen offen führt und die Gesetze und Gebräuche des Krieges beobachtet.

Art. 3

Die bewaffnete Macht der Kriegsparteien kann sich zusammensetzen aus Kombattanten und Nichtkombattanten. Im Falle der Gefangennahme durch den Feind haben die einen wie die anderen Anspruch auf Behandlung als Kriegsgefangene."

4. Sowohl Art. 1 als auch Art. 2 der Haager Landkriegsordnung (Version gültig bis 1945) waren bei den Kampfhandlungen in Floria und auch später an der Straße von Kandanos erfüllt, denn nach einer Zusammenkunft (siehe nochmals Punkt 1 dieses Abschnitts) und unter der Führung eines Gendarmerie-Offiziers hatten sich die Zivilisten an den Kämpfen beteiligt und waren somit legale Kombattanten!

65

5.   Seite 192 – Der auf dieser Seite beschriebene Ablauf der Ereignisse vom 24. Mai unterscheidet sich in fast allen Punkten von den Darstellungen der griechischen Seite, die ihre inhaltliche Bestätigung allerdings auf den in Floria und Kandanos vorhandenen Mahnmalen der getöteten Kreter finden. Denn auf diesen Mahnmalen sind die jeweiligen Sterbedaten verzeichnet.

Und hätte sich Richter die Mühe gemacht, in Kandanos nachzufragen, wer den die Getöteten auf dem Mahnmal sind, hätte er schnell feststellen müssen, dass diese aus Kandanos oder den umliegenden Orten stammten und nicht zu den Gendarmen gehörten. Doch darauf nimmt Richter keinerlei Bezug.

6.   Es ist ganz offensichtlich, dass Richter mit allen Mitteln den Eindruck vermeiden will, dass die so „ruhmreichen" deutschen Fallschirm- und Gebirgsjäger von Zivilisten, die lediglich mit alten Gewehren und Jagdflinten bewaffnet waren,   zwei Tage lang zum Stehen gebracht worden sind. Ebenso wenig geht Richter darauf ein, dass die Deutschen erhebliche Verluste hinnehmen mussten und es nur massiven Stuka-Angriffen und der Tatsache, dass den kretischen Kräften die Munition ausging, zu verdanken ist, dass der Durchbruch Richtung Südküste gelang.

Hätte sich an der selben Stelle eine mit automatischen Waffen ausgerüstete Einheit der Australier oder Neuseeländer den Deutschen entgegengestellt, die Verluste auf Seiten der Invasoren wären um ein Vielfaches höher gewesen. Eine enge Kehre, die von der gegenüberliegenden Seite ungestört unter Feuer genommen werden konnte und der Nachteil, dass die Angreifer mehr als 100 Meter freies Schussfeld zu überwinden hatten, sind in der Tat nicht geeignet, einen schnellen Durchbruch zu ermöglichen.

7.   Folgen wir Richters Bericht, dann wirft dieser allerdings entscheidende Fragen auf: Weswegen gab es die Erschießungen in Kandanos überhaupt, wenn doch Angehörige der Miliz als Kombattanten einzustufen waren? Sie, die Milizionäre, beziehungsweise ihr kommandierender Offizier, wären dann ausschließlich für die angeblichen Untaten der Irregulären verantwortlich gewesen, da sie die Übergriffe nicht unterbunden hätten. Noch einmal: Warum also die laut Richter „völkerrechtlich zulässige" Erschießung von Zivilisten und die Zerstörung von Kandanos?
Diese Fragestellung umschifft Richter ganz geschickt (Seite 192):
„Wenn im Fall von Floria/Kandanos nicht Ringels angedrohte Repressalien im Verhältnis von 1:10 Anwendung fanden, lag dies mit großer Wahrscheinlich-

keit daran, dass der Kampf im Wesentlichen von Gendarmen geführt wurde, die Kombattantenstatus hatten, was von der deutschen Seite anerkannt wurde."

 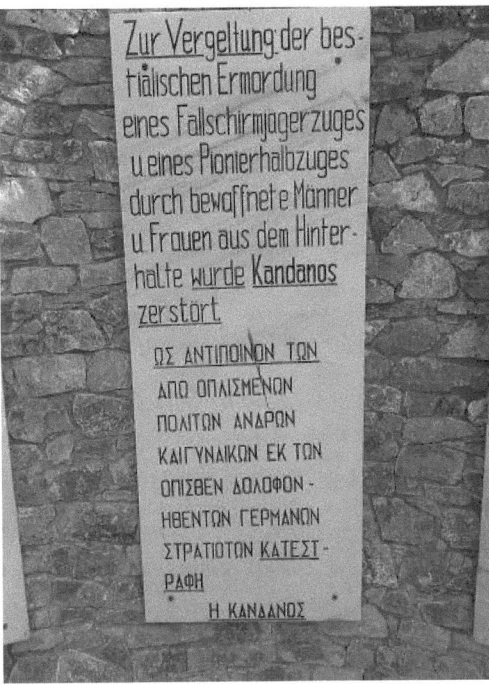

Dass der von Student ausgegebene Befehl bereits einen Vorläufer hatte, findet sich bei Richter auf Seite 186. Gleichzeitig aber, da die Gebiete während der Invasionskämpfe noch nicht unter das Besatzungsrecht gemäß Haager Landkriegsordnung fielen, ist der von General Ringel ausgegebene Befehl rechtswidrig. Hier eine Abschrift:

Der Vergeltungs-Befehl von General Ringel vom 23.5.1941

5.Gebirgsdivision
Ia

Div.Gef.St. 3km südl. Westecke Flug-
platz
Mallion, den 23.Mai 1941, 11 Uhr

Ein Meuchelmord an einem Soldaten der Luftwaffe am 22.5.41 hat ergeben. Daß die griech. Bevölkerung in Zivil, Uniform, auch in deutscher, an den Kämpfen teilnimmt und Verwundete niederschiesst, niedersticht und Ringe abschneidet, Gefallene schän-det und ausplündert.

Wo eine griech. Zivilperson mit der Schusswaffe in der Hand angetroffen wird, ist sie sofort zu erschiessen.

Desgleichen ist bei Angriffen auf Verwundete zu verfahren.

In Ortschaften sind sofort Geiseln festzunehmen (Männer von 18 – 55 Jahren) und ih-nen und der Einwohnerschaft bekanntzugeben, daß im Falle feindl. Handlungen jeder Art gegen die deutsche Wehrmacht sofortige Erschiessung erfolgt.

Für jeden Deutschen 10 Griechen, dazu werden die in der Nähe befindlichen Ortschaf-ten angezündet. Die Bürgermeister haben dies in ihren Gemeinden bekanntzumachen.

Der Divisionskommandeur:

Ringel

(5. Gebirgsdivision Ia 23. Mai 1941)

     Soweit so gut, Herr Richter! Warum aber stehen dann heute noch von den Deutschen Truppen aufgestellte Schilder in Kandanos, auf denen ausschließ-lich Zivilisten für die Verluste der deutschen Soldaten verantwortlich gemacht werden? Ebenso sollte diese Frage beantwortet werden: Warum wird, sobald deutsche Einheiten auf Kreta hohe Verluste erlitten, von Massaker gesprochen, bei den Erschießungen von Zivilisten aber nur von Repressalien oder Vergel-tungsaktionen? (Siehe Seite 192, 9. Zeile *„Als der Ort des Massakers vom Vor-tag erreicht wurde....“*)

8.   Natürlich darf bei der Floria/Kandanos-Problematik das im September 1941 in Floria errichtete Mahnmal für die gefallenen deutschen Soldaten nicht fehlen, und (Seite 193, 4. Zeile) *„das bis heute von Angehörigen der Gebirgstruppe gepflegt wird."*

Wobei Richter mit keinem Wort erwähnt, dass auf der gegenüberliegenden Seite des Platzes ein Mahnmal an die gefallenen und erschossenen Kreter erinnert. Vielmehr versetzt Richter mit Fußnote 2 auf dieser Seite den Kretern fast schon einen Schlag ins Gesicht :

(Bilder vom Autor)

„Der ehemalige BW-Hauptmann Manfred Rehm aus Bayreuth kümmert sich seit Jahren um die Pflege und den Erhalt des Denkmals. In der Tat besteht seit Jahren ein enges Verhältnis zwischen der Gemeinde Kandanos/Floria und bestimmten Gruppen der Gebirgsjäger im Sinne der Aussöhnung. Fränkische Jugendgruppen haben mehrfach Kandanos besucht, und der Bürgermeister begrüßt solche Aktionen."

Zwei unterschiedliche Sachen miteinander zu vermischen, damit ein völlig falsches Bild entsteht, indem Gebirgsjäger in Verbindung mit Jugendgruppen gebracht werden, ist schon der Hammer. Aber dazu noch den Bürgermeister zu nennen, der mit „solchen Aktionen", die Aktivitäten der Jugendlichen gemeint hat, ist fast schon eine Beleidigung.

9.　　　Noch verwirrender wird der gesamte Ablauf der Geschehnisse wenn man ohne geschichtlichem Vorwissen jene Einfügungen von Richters auf Seite 192, 1. Abs. liest:

„Etwa zur gleichen Zeit, als Kastelli angegriffen wurde, stießen erneut Fallschirmjäger und die 3. Kompanie der Gebirgspioniere, die um Geb.Panzerjäger und Teile des Kradschützenbataillons 55 verstärkt worden waren, in Richtung Palaiochora vor (s. S. 185). Die Vorausabteilung der Fallschirmjäger geriet nördlich von Floria bei dem Weiler Selia in einen Hinterhalt von etwa 20 Gendarmen und 30 Irregulären und wurde niedergemacht, wobei es 25 Tote und 5 Gefangene gab, die sich allerdings selbst befreiten konnten. Auch ein weiterer Vormarsch wurde immer wieder durch Gendarmen und Irreguläre aufgehalten.

Bei dieser Ausführung reibt sich jeder Kenner der Geschichte verwundert die Augen, denn die bekannte Auseinandersetzung zwischen kretischen Kräften und den Invasionstruppen fand im Süden von Floria, im sogenannten Kandanos-Gorge, statt. Die Seiten 192 und 193 sind derart mit Widersprüchen versehen, so dass man sich die Frage stellen muss, warum der Autor diese von ihm selbst verfassten Ungereimtheiten so stehen lässt?

a.) Wenn also kein Durchkommen bei Selia war, wie sollten die Deutschen dann den von Richter bezeichneten „Ort des Massakers" erreicht haben, der doch in Floria lag?

b.) Wieso erwähnt Richter zuerst, dass nach einer Versammlung der Bewohner von Kandanos darüber abgestimmt wurde, ob man gegen die Deutschen kämpfen wolle, um dann später folgendes am Ende der Seite 192 und Beginn von Seite 193 zu schreiben:

„In der kollektiven Erinnerung der Kreter jedoch waren die Kämpfe bei Floria am 23. Mai und jene an den folgenden Tagen ein Erfolg der irregulären Einheimischen und nicht einer der königlichen Gendarmerie. Für bestimmte griechische Autoren ist dieser Kampf der Beginn des spontanen Volkswider-

70

standes gegen die Besatzer. Doch diese Interpretation ist ideologisch motiviert. Auch im Fall von Floria/Kandanos gilt, dass der Widerstand keineswegs spontan erfolgte, sondern vorbereitet war. In diesem Fall von der Gendarmerie."

c.) Wieso wird die Zerstörung von Kandanos regelrecht verharmlost und gleichzeitig in der Fußnote 2 die Aufmerksamkeit auf etwas anderes gelegt?
„Der Fall Kandanos war kein wildes Massaker, wie in der Besatzungszeit z.B. Distomon oder Kommeno, sondern eine begrenzte Aktion, die primär wohl der Beruhigung der eigenen Truppe diente, um sie von eigenen wilden Aktionen abzuhalten. Dennoch war sie barbarisch."

d.) Es ist offensichtlich, dass Richter sich niemals mit Personen von Kandanos unterhalten hat, denn die dortige Bevölkerung spricht in keinster Weise von den bei Richter angeführten Zahlen, wie sie zum Beispiel im Buch von Marlen von Xylander[8] und 1945 bei einem SOE-Bericht erwähnt werden.

H. Richters Zahlenwiderspruch in seinem eigenen Buch

Eine der markanten Auffälligkeiten in Richters Buch ist die Heranziehung von Zahlen, wenn es darum geht, den Widerstand der kretischen Bevölkerung abzuwerten oder in ein falsches Licht zu rücken, sobald von kretischer oder griechischer Seite Zahlen genannt werden, die Verluste oder Erschießungen beziffern. Gerne nennt Richter auch Zahlen, die aufzeigen sollen, wie hoch die Verluste der Verteidiger von Kreta in Relation zu den Verlusten der Invasoren waren. Damit will er ganz offensichtlich dem Leser einreden, dass die Verteidiger nicht über die soldatischen Fähigkeiten der deutschen Invasoren verfügten, und die Verluste auf Seiten der Fallschirmjäger nur deswegen so hoch waren, weil sich die kretische Bevölkerung auf „brutalste Weise" an den Verwundeten zu schaffen machte. Dass diese Behauptung nur in wenigen Fällen zutrifft, übertüncht Richer durch aufreißerische Meldungen.

Geht es um die Verluste der Kreter, kann – nein – muss man leider feststellen, dass dort Zahlenspielchen angewendet werden, die den tatsächlichen Verlusten überhaupt nicht entsprechen. Hier einige markante Beispiele, die allesamt in Richters Buch angeführt werden. Sie tragen wenig zur Erhellung des Kampfgeschehens bei, und dienen eher zur Verschleierung der wirklichen Opferzahlen.

---

8   Xylander, Marlen von: Die deutsche Besatzungsherrschaft auf Kreta 1941-1945 (Freiburg 1989)

1. Irgendwie ist man ganz verwirrt wenn man zuerst folgendes auf Seite 267, letzter Absatz liest:

„Zu größeren Erschießungen kam es Anfang Juni in den Dörfern Lepides, Kyrtomado Kydonias, Skalani Irakleiou, Perivolia Kydonias, Alikianou, Adele Rethymnon und Kondomari. Präzise nachprüfbare Zahlen gibt es nicht. Die von Kallivretakos[9] veröffentlichten Listen für die Nomachien von Chania, Rethymnon und Irakleion basieren auf einer Erhebung aus dem Jahr 1946, und die darin enthaltenen Zahlen dürften eher zu niedrig sein."

Doch schon auf der nächsten Seite 268:

„Insgesamt wurden in dieser ersten Phase nach Angaben der für die Untersuchung solcher Fälle zuständige Staatsanwaltschaft in Bochum maximal 200 Menschen ermordet.[10] Damit blieb die Quote weit unter der 1:10, die Ringel wenige Tage zuvor angedroht hatte. Insgesamt gewinnt man den Eindruck, dass man auf deutscher Seite tatsächlich zögerte, Repressalien zu ergreifen. Die von Panagiotakis[11] aufgestellte Behauptung, dass die Erschießungen im Verhältnis 1:10 bis 1:40 vorgenommen wurden, und in dieser Phase rund 2.000 Kreter erschossen seien, entbehrt jeder Grundlage."

(Anm. des Autors: Der Begriff „Phase" bezieht sich lediglich auf den von Panagiotakis genannten Zeitraum bis September 1941).

Dass alleine in den von Richter genannten Örtlichkeiten schon die Summe von 200 getöteten Kretern erreicht wurde, ist einfach nachzurechnen:

	Perivolia	76	
	Kondomari	23	
	Alikianos	42	(02.06.1941)
	Alikianos	147	(01.08.1941)

		288	
hinzu	Tavronites	12	
	Paleochora	32	
	Adele	19	

und viele mehr.

2. Obwohl Richter selbst davon schreibt, dass es laut einer von deutschen Stellen durchgeführten Untersuchung in Orten mit heftigem kretischen Widerstand zu

---

9   Leonidas Kallivretakis, I Machi tis Kritis (Athen 2010)
10   Staatsanwaltschaft Bochum: Az 16 Js 30/57
11   Panagiotakis, Georgios: I Machi tis Kritis – The battlle of crete (Iraklion 2000)

wahllosen Erschießungen durch die Invasoren gekommen sei, finden sich in seinem Buch keinerlei Hinweise auf die Zahl der getöteten Kreter.

3. Auf Seite 114, Fußnote 1, versucht Richter die Zahl der in der Luft getöteten Fallschirmjäger herunterzuspielen, so dass der Eindruck entsteht, dass verwundete Soldaten von den Kretern gnadenlos niedergemacht wurden:
„Aussage von Bender, der über Rethymnon absprang, gegenüber dem Verfasser (Anm. Autor: Richter) am 27. Mai 2010. Tests in der Nachkriegszeit zeigten, dass es unter normalen Bedingungen selbst für geübte Schützen fast unmöglich ist, Fallschirmjäger in der Luft zu treffen."
    Diese Fußnote 1 hängt jedoch an einem Satz, der auf Seite 113 beginnt:
„Ein kleiner Teil landete in der Nähe von Pyrgos, wo die Stabskompanie des 22.NZ-Bataillon gegen die Fallschirmjäger vorging. Bataillonskommandeur Scherber wurde in der Luft erschossen. Den anderen Offizieren erging es genauso, oder sie wurden kurz nach der Landung getötet. Ein neuseeländischer Offizier fühlte sich an die Eröffnung der Abschußsaison für Wildenten erinnert, ein anderer dachte an Wildgänse. Das Abschießen der herabschwebenden Fallschirmjäger noch in der Luft wurde in diesem Fall durch die auf Kreta herrschende Thermik erleichtert, die die Sinkgeschwindigkeit der Fallschirmjäger drastisch verlangsamte."

Zum Vergleich eine Beschreibung durch die offizielle neuseeländische Quelle:
„Those on the ground were stunned by the spectacle above them. After a brief moment of hesitation the defenders grabbed their weapons and began firing on the figures floating down towards them. Rifles and machine guns took a terrible toll. Many paratroops died before they reached the ground while others were hit as they struggled to remove their cumbersome parachute harnesses. Cretans too became involved in the battle. Local villagers, armed with shotguns, axes and spades, attacked paratroops who landed near their homes. The Cretan population would later suffer terrible reprisals from the German occupation force for these actions."[12]

4. Nennung von deutschen und britischen Opfern, jedoch nicht von griechischen:
    Mehrmals nennt Richter ausführlich die Zahlen der gefallenen Fallschirm- und Gebirgsjäger sowie der britischen Truppen, so dass der Leser mehr und mehr den Eindruck gewinnt, nur die Deutschen und Briten hätten sich an den

---

12   https://nzhistory.govt.nz/war/the-battle-for-crete/the-battle-day-1-3

Kämpfen um Kreta beteiligt. Zahlen der griechischen Soldaten, kretischen Gendarmen und natürlich die der kretischen Bevölkerung fallen fast vollkommen unter den Tisch oder werden als Schätzzahlen verwendet.

Natürlich werden die von griechischer Seite genannten Zahlen wie fast immer in diesem Buch angezweifelt. Seite 241, 2. Absatz:

„Die Gesamtzahl der getöteten Griechen ist unbekannt. Da es aber mindestens 20 tote Offiziere gab, dürfte die Zahl etwa um das 20fache höher sein, also bei 400 liegen."

Und auf der gleichen Seite als Fußnote 9:

„Die von Kallivretakis, op. cit., p. 159 genannten Zahlen von 500 Toten und 400 Verwundeten der griechischen Armee und Gendarmerie sind stark aufgerundet."

Dem kann man folgende bislang ermittelte Zahlen entgegenhalten, die jedoch noch unter den wirklichen Zahlen liegen, da das Schicksal vieler griechischen Soldaten noch als unbekannt angesehen werden muss.[13]

1	Major
11	Leutnant
53	Unteroffiziere
457	Mannschaftsdienstgrade
522	Gesamt

In diesen oben genannten Zahlen sind jedoch nicht die Verluste der kretischen Zivilisten enthalten.

I. Richter und die Haager Landkriegsordnung

1. Wie ein roter Faden zieht sich Richters Versuch durch das Buch, die von deutscher Seite begangenen Erschießungen kretischer Zivilisten als konform mit der Haager Landkriegsordnung hinzustellen. Jedoch widerlegt er seine eigenen Aussagen immer wieder, indem er bestimmte Begriffe wie **Levée en masse, archaisch, asymmetrische Kriegsführung, Partisanen** und – besonders beliebt – **Irreguläre** benutzt.

Obwohl die gern zitierte und fast schon strapazierte Haager Landkriegsordnung bestimmte Vorgehensweisen nicht anreißt, verwendet Richter aber genau diese, um damit die Legalität deutscher Untaten zu rechtfertigen.

---

13 http://www.efsyn.gr/arthro/oi-patriotes-poy-ektelesan-oi-germanoi

2. Sehen wir uns die Artikel der Haager Landkriegsordnung genauer an und stellen die Interpretation von Richter dagegen.

a.) **Artikel 1.**

Die Gesetze, die Rechte und die Pflichten des Krieges gelten nicht nur für das Heer, sondern auch für die Milizen und Freiwilligen-Korps, wenn sie folgende Bedingungen in sich vereinigen:

1. daß jemand an ihrer Spitze steht, der für seine Untergebenen verantwortlich ist,

2. daß sie ein bestimmtes aus der Ferne erkennbares Abzeichen tragen,

3. daß sie die Waffen offen führen und

4. daß sie bei ihren Unternehmungen die Gesetze und Gebräuche des Krieges beobachten.

In den Ländern, in denen Milizen oder Freiwilligen-Korps das Heer oder einen Bestandteil des Heeres bilden, sind diese unter der Bezeichnung „Heer" einbegriffen.

Eines der grundlegenden Probleme dieses Artikels besteht darin, dass alle vier angesprochenen Punkte nicht gleichzeitig erfüllt werden können, wenn wir diese für den angesprochenen Zeitraum betrachten.

Sobald eine der kämpfenden Kriegsparteien einen Hinterhalt legt, sind sie nicht aus der Ferne sofort erkennbar und auch ihre Waffen werden nicht offen getragen. Somit wären auch Kommandounternehmen, bei denen es gerade darum geht, möglichst unerkannt sich dem Feind zu nähern, ein Verstoß gegen diesen Artikel.

Hier stellt sich natürlich die Frage, was die Gesetze und Bräuche des Krieges erlauben oder verbieten. Wird ein Bajonett von einem Soldaten verwendet, ist dies anscheinend konform, wenn ein Zivilist jedoch eine Sichel, ein Messer oder einen Stein im Kampf benutzt, bezeichnet Richter diese Kampfweise als **archaisch**. Hierzu Richter:

Seite 259 : *„Die Bewaffnung dieser wilden Gesellen war primitiv: Säbel, Jagdflinten, museumsreife Karabiner, Äxte, Knüppel, usw."*

Seite 263, 1.Abs.: *„Die Kampfweise der nicht organisierten Gruppen war oft archaisch, d.h. sie kämpften mit den Waffen, über die sie verfügten. Da sie im offenem Kampf unterlegen gewesen wären, kämpf-*

ten sie aus dem Hinterhalt. Die logische Konsequenz war, dass dies zu brutalen Nahkämpfen führte. Es war Krieg in seiner wildesten, primitivsten Form."

Seite 271, 1.Abs. Hier zitiert Richter ohne eigene Einfügungen Aussagen der Wehrmachtsuntersuchungsstelle: *„In keine Weise beachteten die am Kampfe beteiligten Freischärler die Gesetze und Gebräuche des Landkrieges, vielmehr leisteten sie nie Dagewesenes an ruchloser Grausamkeit gegenüber Wehrlosen und an Verstümmlung der Gefallenen."*

Seite 283, 4. Abs. (Der Partisanenkrieg):
„Neben diesem 'ritterlichen' Krieg, bei dem die Gegner die Regeln der Haager Landkriegsordnung und der Genfer Konvention einhielten, gab es einen zweiten Krieg im Schatten, den der kretische Irregulären, bei dem Kriegsregeln keine Gültigkeit hatten."

Hierzu eine kurze Begriffserklärung zu archaisch (Quelle: Wikipedia)

„Im allgemeinen Sprachgebrauch wird der Ausdruck 'archaisch' ebenfalls im Sinne von „altertümlich" verwendet – heutzutage allerdings üblicherweise nicht (mehr) neutral-beschreibend, sondern in negativer Weise vor allem als Sinnbild inhumaner Brutalität. Als Beispiel kann der Ausdruck 'archaische Strafe' genannt werden. Er dient als Negativbewertung einer als anachronistisch empfundenen Bestrafung, z.B. Auspeitschung."

b.) Artikel 2.

„Die Bevölkerung eines nicht besetzten Gebiets, die beim Herannahen des Feindes aus eigenem Antriebe zu den Waffen greift, um die eindringenden Truppen zu bekämpfen, ohne Zeit gehabt zu haben, sich nach Artikel 1 zu organisieren, wird als kriegführend betrachtet, wenn sie die Waffen offen führt und die Gesetze und Gebräuche des Krieges beobachtet."

Zitieren wir hier einmal Wikipedia[14]:

---

14 https://de.wikipedia.org/wiki/Levée_en_masse

„Nach Art. 2 der Haager Landkriegsordnung sind in einem internationalen bewaffneten Konflikt neben regulären Truppen einer Kriegspartei auch Zivilisten Kombattanten, wenn die Bevölkerung eines nicht besetzten Gebiets beim Herannahen des Feindes aus eigenem Antriebe zu den Waffen greift, um die eindringenden Truppen zu bekämpfen, ohne Zeit gehabt zu haben, sich wie reguläre Truppen zu organisieren. Diese Massenerhebung (im französischen Vertragstext: „Levée en masse") wird als kriegführend betrachtet, wenn der einzelne Kämpfer die Waffen offen führt und die Gesetze und Gebräuche des Krieges beachtet.

Dahinter steht die seit der Französischen Revolution entwickelte Vorstellung vom 'citoyen soldat, der von seinem Staat zu den Waffen gerufen wird und sich dem Feind entgegenstellt, weil er sich als Teil des politischen Gemeinwesens versteht und dessen Ideale verteidigen will. Der Krieg ist in dieser Auffassung nicht mehr nur die bewaffnete Auseinandersetzung von Herrschern oder Staaten mit Söldnerarmeen, sondern auch Sache des Volkes, das sich gegen eine fremde Herrschaft wehrt. Der Widerstandskampf um politische und kulturelle Eigenständigkeit ist seit der Haager Landkriegsordnung als legitimes Motiv der Kriegsführung allgemein anerkannt."

Richter selbst erkennt eine solche *„Levée en masse"* an, die seinen Worten nach aber erst durch die Aktionen von Pendlebury zustande kam. Seite 259. Abs.: 4

„Freiberg auf der anderen Seite begrüßte während der Schlacht um Kreta den Beitrag der Irregulären, aber auf die Idee, sie auf irgendeine Weise zu Kombattanten zu erklären, kam er nicht. Wahrscheinlich war er über den Umfang und den Charakter dieses Widerstandes nicht informiert. Weder er noch die späteren englischsprachigen Historiker der Schlacht um Kreta erwähnen die Rolle der SOE und die Tatsache, dass durch diese praktisch eine Art Levée en masse organisiert worden war."

Dabei übersieht Richter bewusst folgende Tatsache. Die kretischen Reservisten hatten keine Möglichkeit, sich zu den Sammelpunkten zu begeben, denn die Städte Chania, Rethymnon und Iraklion, wo sie sich hätten einfinden sollen, waren direkte Angriffsziele der deutschen Invasion. Also ist gemäß Artikel 2 die Ergreifung der Zivilisten nach den Waffen abgesichert.

c. Artikel 3.

„Die bewaffnete Macht der Kriegsparteien kann sich zusammensetzen aus Kombattanten und Nichtkombattanten. Im Falle der Gefangennahme durch den Feind haben die einen wie die anderen Anspruch auf Behandlung als Kriegsgefangene."

In keinem Abschnitt seines Buchs spricht Richter dieses Thema an und er vermeidet damit geschickt die Tatsache, dass die von ihm als „Irreguläre" bezeichneten Zivilisten, wie auch in Gen. Ringels Befehl enthalten, getötet wurden. Somit verstießen die Deutschen während der gesamten Kampfhandlungen, an denen der kretische Widerstand beteiligt war, gegen Artikel 2.

Interessant hierzu ist die Urteilsbegründung gegen Hanns Rauter vor einem niederländischen Gericht vom 12. Januar 1949:

„Gleichzeitig stellte das Sondergericht fest, dass die von Rauter zu verantwortenden Vergeltungsmaßnahmen nicht gerechtfertigt waren, weil mit dem unprovozierten Angriff Deutschlands die Besetzung der Niederlande nicht rechtmäßig gewesen sei, weshalb die niederländische Bevölkerung die Pflicht zum Widerstand gehabt habe. Auch das Kassationsgericht schloss sich der Auffassung des Sondergerichts an und urteilte, dass die deutsche Besatzungsmacht wegen ihrer Verstöße gegen die Bestimmungen der **Haager Landkriegsordnung** *kein Recht auf Vergeltung hatte."[15]*

Auch Griechenland fiel einem unprovoziertem Angriff zum Opfer, auch wenn Richter ständig versucht die Stationierung von britischen Truppen als Rechtfertigung für die Invasion zu erklären.

Ich kann für mich nicht die Behandlung nach der Haager Landkriegsordnung in Anspruch nehmen, wenn ich diese Regeln bereits zu Beginn durch meine eigenen Aktionen gebrochen habe. Dies wäre die richtige Antwort auf diesen Themenkomplex.

d.) *Artikel 42.*

---

15   https://de.wikipedia.org/wiki/Hanns_Rauter

„Ein Gebiet gilt als besetzt, wenn es sich tatsächlich in der Gewalt des feindlichen Heeres befindet.

Die Besetzung erstreckt sich nur auf die Gebiete, wo diese Gewalt hergestellt ist und ausgeübt werden kann."

Bis zur Kapitulation der Insel Kreta war die gesamte Insel als Kampfgebiet anzusehen und somit konnte erst nach der Niederlegung der Waffen durch die Verteidiger ein entsprechendes Besatzungsrecht ausgeübt werden. Damit ist eindeutig geklärt, dass z.B. die Erschießungen von Perivolia und an anderen Orten gegen die Haager Landkriegsordnung verstoßen haben.

e.) Artikel 41.

„Die Verletzung der Bedingungen des Waffenstillstandes durch Privatpersonen, die aus eigenem Antriebe handeln, gibt nur das Recht, die Bestrafung der Schuldigen und gegebenen Falles einen Ersatz für den erlittenen Schaden zu fordern."

Hier ist doch eindeutig festgelegt – und das ohne Wenn und Aber –, dass sogenannte „Vergeltungsaktionen" rechtswidrig sind. Somit hat die deutsche Seite zweifelsfrei die Bedingungen der Haager Landkriegsordnung verletzt.

Lediglich die verdächtigte Person durfte für ihre Taten belangt werden, jedoch nicht andere Unbeteiligte.

f.) Artikel 50.

„Keine Strafe in Geld oder anderer Art darf über eine ganze Bevölkerung wegen der Handlungen einzelner verhängt werden, für welche die Bevölkerung nicht als mitverantwortlich angesehen werden kann."

g.) Fazit

Kein einziger Artikel der Haager Landkriegsordnung erlaubt explizit die Erschießung von Geiseln. Warum dies immer wieder behauptet wird, ist mehr als schleierhaft.

Allerdings heißt es in der Haager Landkriegsordnung in der Fassung von 1907: *„Nachdem die gesetzmäßige Gewalt tatsächlich in die*

79

Hände des Besetzenden übergegangen ist, hat dieser alle von ihm abhängenden Vorkehrungen zu treffen, um nach Möglichkeit die öffentliche Ordnung und das öffentliche Leben wiederherzustellen und aufrechtzuerhalten, und zwar, soweit kein zwingendes Hindernis besteht, unter Beachtung der Landesgesetze."

Die Auslegung dieses Artikels wurde bis 1949 als Alibi für Geiselerschießungen herangezogen. Jedoch war in keinem für den Krieg ausgehandelten Verträge oder Abkommen ein solcher Fall vorgesehen.

„Die Zeit" schrieb am 19.08.1969:

„Kriegsrepressalien sind Abschreckungsmaßnahmen an unbeteiligten Bürgern eines besetzten Landes, die als Reaktion auf einen völkerrechtswidrigen Angriff gegen die Besatzungsmacht vorgenommen werden. Völkerrechtswidrige Angriffe waren nach der Haager Landkriegsordnung (1907) nicht nur die Anschläge von Bürgern auf Soldaten, sondern auch von Partisanen gegen die Besatzungsmacht, denn Partisanen besaßen nach dem damaligen Völkerrecht den Status von Nichtkombattanten. Seitdem ist die Zulässigkeit der Repressalien umstritten."[16]

Auch hier liegt die Betonung auf „Besatzungsrecht", das jedoch erst nach der Kapitulation der feindlichen Verbände und der Errichtung einer Besatzungsorganisation seine Gültigkeit hatte. Bis dahin waren alle Angriffe auf die deutschen Invasoren gemäß Haager Landkriegsordnung als rechtmäßig anzusehen.

K. Verwirrende Literaturverweise

Die Verwendung von wissenschaftlicher Literatur verschiedener Autoren (und der Verweis darauf) ist bei der Bearbeitung geschichtlicher Themen immer wichtig und hilfreich. Doch jeder historisch Interessierte gerät unweigerlich in Verwirrung, wenn genau diese Quellen dazu benutzt werden, Informationen zu verschleiern, anstatt einen bestimmten Sachverhalt besser auszuleuchten und vielleicht sogar neue Aspekte herauszuarbeiten. Besonders bitter wird es – und da muss man schon von einem bewuss-

---

16 http://www.zeit.de/1969/33/voelkerrechtliche-fragen-im-fall-defregger

ten Handeln sprechen – wenn Literatur (und ihr spezieller Einsatz in einem Buch) viel eher dazu dient, den Leser in die Irre zu führen.

Ein seriöser Autor kann doch nicht, wie mehrmals in Richters Buch geschehen, eine bestimmte Literatur-Nennung als wenig glaubhaft hinstellen, um sie dann aber an einer anderen Stelle lang und breit zu zitieren. Genauso verhält es sich mit nationalsozialistischen Propagandabüchern, die beweisen wollen, dass die Aktionen der Andarten (Widerstandskämpfer) als rechtswidrige Verstöße gegen die Haager Landkriegsordnung zu betrachten sind.

Leider gibt es in Richters „Operation Merkur" viel zu viele solcher Merkwürdigkeiten, die nicht aus Versehen, sondern bewusst in das Buch eingearbeitet wurden. Hier einige der Bespiele:

1.   In der Einleitung auf Seite 11, Abs. 2, wird folgendes geschrieben: *„Etwas verblüffend ist, dass das im Parteiverlag der NSDAP erschienene Buch von Hünger und Stassl relativ wenig Propaganda enthält, aber sehr viele wertvolle Informationen, so z.B. über den britischen Archäologen und SOE-Angehörigen Pendlebury."*

Zitieren wir aber einmal genau aus diesem Buch „Kampf und Intrige um Griechenland", wenn es um Pendlebury geht. Auf Seite 272 („Der kretische Lawrence") landet der Leser sofort in reinster Propaganda:

„Viel deutsches Blut trank Kretas Erde. An den Straßen der Insel und in Olivenhainen, in versteckten Tälern und an Flugplätzen stehen schlichte, schwarze Holzkreuze zu hunderten, unter denen deutsche Soldaten zur letzten Ruhe gebettet sind. Wir klagen nicht um Kameraden, die im offenen, ehrlichen Kampf ihr Leben ließen, aber wir werden hart und unerbittlich, wo einer der unsrigen der Kugel eines Heckenschützen, eines feigen Marodeurs, zum Opfer fiel."[17]

Aus dem gleichen oben angeführten Buch stammt auch jenes Foto, eine Abänderung von Weixlers Bild, das einen angeblichen kretischen Heckenschützen zeigt, der gerade von den Deutschen festgenommen wurde. Auch halten Hünger und Strassl in ihrem Buch die Angaben zu Pendlebury

---

17   Heinz Hünger-Ernst Erich Strassel „Kampf und Intrige um Griechenland" -Zentralverlag der NSDAP, 1942

sehr vage. Zudem legt das Autorenduo großen Wert darauf, diesen englischen Archäologen als „Superagent" hinzustellen".

Seite 257, Abs. 4 schreibt Richter folgendes:

„Die bemerkenswert gut informierte und relativ objektive Studie von Hünger und Stassl nennt Namen von Pendleburys Mitarbeitern in Chania und Irakleion, die ihrerseits zukünftige Partisanen rekrutierten."

Verzeihung, Herr Richter, kann man da nur sagen, denn unter einer Studie stellt man sich eigentlich etwas ganz anderes vor. Das so hoch gelobte Buch ist ein in erzählerischem Duktus gehaltenes Werk, das für keinen der Gegner von Deutschland ein gutes Wort übrig hat.

2.   Nochmals zur Einleitung Seite 11, 2. Abs. Hier behandelt Richter die Veröffentlichung von Gericke:

„Gerickes Buch hingegen enthält einerseits die persönlichen Erinnerungen des Autors und andererseits eine Sammlung von Erlebnisberichten, deren Wahrheitsgehalt oft zweifelhaft erscheint. Als Quelle ist diese Veröffentlichung nur mit großer Vorsicht zu benutzen."

Nun sollte man ja annehmen, dass sich Richter auch an seine eigenen Vorgaben halten würde. Doch weit gefehlt. Um wieder zu beweisen, wie skrupellos sich die kretischen Zivilisten gegenüber den deutschen Soldaten verhalten haben, fügt er geschickt folgendes ein.

Seite 191, 1. Abs.:

„Als Ende Mai 1941 die kriegsgerichtlichen Vernehmungen der Fallschirmjäger wegen der völkerrechtswidrigen Behandlung deutscher Soldaten durch kretische Zivilisten begannen, wurden am 27. Mai auch drei Fallschirmjäger des Sturmregiments vernommen, die im Keller des Polizeigefängnis gewesen waren. Sie berichteten über ihre Gefangennahme und ihre Behandlung, verloren aber kein Wort über ihre Befreiung. Die Befreiung wird nur in einem einzigen Vernehmungsprotokoll eines Angehörigen des Sturmregiments, ein Oberfeldwebel namens Werner Kroll, vom 25. August erwähnt. Dies ist etwas seltsam, denn mit Ausnahme eines Teils des FS-Regiments 1 wurden alle Vernehmungen, also auch die der Angehörigen des Sturmregiments, in Kreta bis Ende Juni durchgeführt und abgeschlossen."

Soweit so gut. Doch im nächsten Absatz der selben Seite 191:

„Gericke publizierte sie zwei Jahr später in einer kriegsverherrlichen(den) Publikation im PK-Stil, die viele solcher übertriebenen Augenzeugenberichte enthielt. Nach dem Krieg legte Gericke 1955 eine überarbeitete, dem Zeitgeist etwas angepasste Version vor. Krolls Geschichte war in modifizierte Form wieder enthalten. Danach wurde sie zum Selbstläufer, wurde immer weiter ausgeschmückt und dadurch immer unglaubwürdiger."

Wenn man dieser Geschichte und ihrer Ausschmückung nicht Glauben schenken kann, warum stützt sich dann Richter explizit auf Gerickes Darstellung und beschreibt dann mehrmals ausführlich die Gefangennahme der Fallschirmjäger und ihre „heroische" Befreiung? Natürlich nur, weil er damit die Kreter als jene brutalen Gesellen hinstellen kann, so wie er es im gesamten Buch tut, das nur so von Widersprüchen strotzt.

3.   Seite 15, 4. Abs. (Ziel der Darstellung) :

„Zur Illustration der Darstellung soll – unter gegebener Vorsicht – auch auf die Ergebnisse der Oral History zurückgegriffen, aber vermieden werden, Legenden oder kriegsverherrlichenden Landserstories aufzusitzen. Das Ziel dieser Studie ist eine differenzierte Darstellung dieser Schlacht, die den Anforderungen der Wissenschaftlichkeit gerecht wird und dennoch gut lesbar ist."

Da hört sich eigentlich sehr gut an, doch leider hält sich Richter keineswegs an die von ihm erwähnte „differenzierte Darstellung". Weder berücksichtigt er die oralen Überlieferungen von Kretern, die an der Verteidigung ihrer Insel beteiligt waren, noch bringt er dem interessierten Leser entsprechende Literatur näher, die allerdings die in seinem Buch gemachten absichtlichen Fehler sofort als solche erkennen ließen.

Natürlich muss Richter jene Arbeiten kritisieren, die ihm nicht in das Konzept passen.

Seite 13, 5. Abs.:

„Der erste und bislang einzige Autor deutscher Sprache, der die Bedeutung von Ultra erfasst und dargestellt hat, war 1984 Detlef Vogel in Band 3 von Das Deutsche Reich und der Zweite Weltkrieg. Dieser Aufsatz war die bis dahin differenzierteste und genaueste Darstellung der Opera-

tion Merkur. Er wurde weitgehend aus deutschen und englischen Quellen erarbeite, allerdings fehlen wichtige Werke der Sekundärliteratur und Memoiren (z.B. Clark, Pissin, v.d. Heydte). Die Aktivitäten von Pendlebury und der SOE sind ihm unbekannt, obwohl Vogel die Aktivitäten der Irregulären und die deutschen Repressalien nennt."

Richter stört sich daran, dass Pendlebury nicht genannt wird, da dieser in seinen Augen doch derjenige war, der die große Schuld daran trug, dass die Kreter es wagten, sich zur Wehr zu setzen.

Dieses Verhalten legt Richter auch an den Tag, wenn es um den von ihm anscheinend so verehrten General Student geht.

Seite 14. 2. Abs.:

„1980 brachte Hermann Götzel posthum die Memoiren von General Student auf den Markt. Sie sind ein typisches Beispiel von Memoirenliteratur: Alles, was dem Autor nicht in den Kram passt oder seiner Selbstbeweihräucherung abträglich wäre, wurde weggelassen, aber immerhin enthalten die Memoiren keine direkten Unwahrheiten. Im Gegensatz dazu sind die kriegsverherrlichenden Memoiren von General Ringel voll von Übertreibungen und Legenden. Sind Students Memoiren als Quelle zu gebrauchen, so können die Ringels nur mit größter Vorsicht verwendet werden."

In obigen Absatz beginnt Richter bereits damit, dem Leser einzureden, dass General Student an den begangenen Kriegsverbrechen keine direkte Schuld trage, da er ab dem zweiten Invasionstag nicht mehr Befehlshaber der Invasionstruppen gewesen sei. Noch krasser wird es, wenn wir uns später ausführlich mit Schlachtkritik, Wertungen und Schlussfolgerungen ab Seite 273 befassen.

L. Der Versuch, einen Mythos zu zerstören, indem man sich selbst zitiert (reinstes Griechenland-Bashing)

Einer der wichtigsten Gründe, warum nicht nur die Kreter, sondern auch fast alle griechischen Landsleute, die Richters Buch „Operation Merkur" in der griechischen Version gelesen haben, so gegen Richter eingestellt sind und sogar einen Prozess gegen ihn angestrebt haben, ist sein

Versuch, einen – wie er es nennt – „Mythos" der Griechen zu zerstören. (Näheres über den Prozess und Reaktionen der deutschen Presse werden im Nachklang bearbeitet).

Seite 284, 5. Abs. – Wertungen und Konsequenzen –

„Das immer wieder vorgebrachte Argument, dass die Operation Marita und Merkur den deutschen Angriff auf die Sowjetunion um entscheidende sechs Wochen verzögert hätten, ist seit langem widerlegt, lebt aber als Legende weiter. Sie wird besonders in Griechenland gerne geglaubt, da sie dem griechischen Selbstbewusstsein schmeichelt, indem sie den Eindruck vermittelt, dass der griechische Kriegsbeitrag entscheidend für den Sieg der Alliierten im Zweiten Weltkrieg gewesen wäre."

Wer nun erwartet, dass Richter seine Behauptung durch überzeugende Literaturhinweise untermauert, wird schwer enttäuscht. Denn nur sein eigenes Werk – Heinz Richter, Griechenland im Zweiten Weltkrieg – führt er als Beweis an.

Ganz außer Acht lässt Richter die Äußerungen Hitlers vom Februar 1945, die von einem der Mitarbeiter Martin Bormanns aufgezeichnet wurden.

Der Spiegel veröffentlichte diese Passage in seiner Ausgabe 03/1962:

„Hitlers Gedankengang":

- *Daß der Krieg verloren ging, lag an dem verlustreichen Feldzug gegen die Sowjet-Union.*
- *Der Feldzug gegen die Sowjet-Union ging verloren, weil die Winteroffensive 1941 vor Moskau liegen blieb.*
- *Die Moskau Offensive blieb liegen, weil sie zu spät begonnen wurde.*
- *Sie wurde zu spät begonnen, weil im Frühjahr 1941 erst der Balkan erobert werden musste.*
- *Der Balkan musste erobert werden, weil Italien im Herbst 1940 Griechenland angegriffen, sich dabei aber eine Niederlage geholt hatte, die Deutschland zum Eingreifen zwang."*

Etwas weiter unten in dem besagten Artikel schreibt Der Spiegel:

„Hitlers Ärger wuchs, als aus dem angekündigtem Sieg über die Griechen nichts wurde und die Engländer die Gelegenheit wahrnahmen,

eine neue Front gegen Deutschland aufzubauen. Längst entschlossen, die Welt im Sommer 1941 vom Bolschewismus zu befreien, mußte der Führer seinen geplanten Ostfeldzug zurückstellen um zunächst den Balkan zu pazifizieren. Die Niederlage der Italiener hätte unerwünschte Zweifel am deutschen Endsieg geweckt."

Noch am 17. Februar 1945 grollte Hitler:

- *"Das Bündnis mit Italien hat ganz offensichtlich mehr unseren Feinden geholfen, als es uns genützt hat.*
- *Gegen unseren Willen waren wir (durch den Umschwung in Jugoslawien) gezwungen, mit Waffengewalt in die Ereignisse auf dem Balkan einzugreifen, woraus sich die unheilvolle Verspätung der Aufmarsches gegen Russland zwangsläufig ergab.*
- *Hätten wir Russland schon am 15. Mai angegriffen... Alles wäre anders gekommen."*

Das sind ja wohl eindeutige Aussagen von jenem Mann, der es wahrscheinlich wesentlich besser wusste als ein Herr Richter, der wiederholt den Versuch unternimmt, den Beitrag von Griechenland in allen Bereichen niederzumachen.

Seite 284, 4. Abs:

"Insbesondere in der griechischen Literatur wird immer wieder die Bedeutung Kretas für die Versorgung von Rommels Armee in Nordafrika hervorgehoben. Dabei handelte sich um eine Legende."

In seinem ganzen Buch stellt Richter die griechischen Truppen in einer Art und Weise hin, als wären sie ungenügend ausgerüstet, schlecht trainiert und auch sonst für einen bewaffneten Konflikt nicht ausreichend gewappnet gewesen.

Dann verwundern sicherlich einen historisch interessierten Leser die Aussagen von Hitler und Churchill:

"Um der historischen Wahrheit willen muss ich sagen, dass nur die Griechen, aller Gegner, die uns konfrontierten, mit dickem Mut und höchster   Missachtung   des   Todes   kämpften!"
(Adolf Hitler in seiner Rede vor dem Reichstag am 4. Mai 1941)

und Winston Churchill:

„Von nun an müssen wir nicht mehr sagen, die Griechen kämpfen wie Helden, sondern die Helden kämpfen wie Griechen!"

M. Schlachtkritik, Wertungen und Schlussfolgerungen

1.   Wer erhofft, dass ab Seite 273 Richter auch einmal wirkliche Kritik an den Verantwortlichen auf deutscher Seite übt, der sieht sich getäuscht. Fast erscheint es, als hätten die Kreter froh sein müssen, von den Deutschen besetzt zu werden, da sie ja in Richters Augen nicht fähig waren, sich selbst zu versorgen.

Seite 274, 1. Abs.:

„Wäre Kreta in Besitz der Briten geblieben, hätte sich eine Situation ergeben, die an jene gegen Ende der deutschen Besatzung Kretas erinnerte. Da Kreta nie landwirtschaftlich autark war, wären auch die Briten verpflichtet gewesen, nicht nur ihre Besatzungstruppen, sondern auch die Bevölkerung zu versorgen."

Der erste störende Faktor in dieser Aussage ist, die Briten als Besatzer von Kreta zu bezeichnen. Es ist aber falsch, die Briten als Besatzungsmacht darzustellen, da sie mit Zustimmung der griechischen Regierung auf Kreta stationiert waren. Als Besatzungsmacht hätten sie eine entsprechende Verwaltung einrichten müssen, doch blieb die zivile Administration in der Hand der kretischen Bürger.

Die zweite – und weitaus bedeutsamere – Fehleinschätzung in der o.a. Aussage ist die Behauptung, dass Kreta niemals „landwirtschaftlich autark" gewesen sei. Gleichzeitig weist Richter darauf hin, dass es, allerdings verursacht durch die Raubpolitik der deutschen Besatzer, am Ende der Besatzungszeit zu erheblichen Problemen in der Versorgung der Zivilbevölkerung gekommen war.

Springen wir einmal in der Geschichte zurück. Von 1204 bis zur Eroberung der Insel durch die Osmanen im Jahre 1645 war Kreta eine venezianische Kolonie.

„Dennoch hielt Venedig am Besitz der Insel fest. Sie bot seinem Handel im östlichen Mittelmeerraum sichere Häfen und Versorgung der Schiffsmannschaften. Darüber hinaus bot sie der von Lebensmittelein-

87

fuhren abhängigen Stadt die Möglichkeit, das Grundnahrungsmittel Weizen aus eigenem Gebiet zu beziehen. Dazu schickte Venedig mehrere Tausend Siedler auf die Insel, die bald auch Schiffe und ihre Besatzungen zu stellen hatten. "[18]

Natürlich hatten die Deutschen am Ende erhebliche Schwierigkeiten, sowohl die eigenen Truppen als auch die kretische Zivilbevölkerung angemessen zu versorgen. Der Grund dafür waren schlicht und einfach die folgenden, von den Deutschen selbst verursachten Aktionen:

– Massive Requirierung von Lebensmitteln (Schafe, Ziegen, Käse, Olivenöl, Früchte). Hinzu kam, dass die deutschen Soldaten Lebensmittel nach Hause senden durften, die dann auf der Insel fehlten.

– Massive Requirierung von männlichen Arbeitskräften zum Ausbau von Flugplätzen, Verteidigungsanlagen und Straßen mit der Folge, dass es für die Landwirtschaft zu wenig Arbeiter gab.

– Erschießung von Kretern im Rahmen von „Vergeltungsmaßnahmen".

– Zerstörung ganzer Dörfer und Vertreibung der Bewohner. Dadurch rutschten, wie im Amari-Tal und rund um Viannos, die landwirtschaftlichen Erträge auf einen Bruchteil der vorherigen Zahlen ab.

Diese Fakten erwähnt Richter mit keinem Wort, obwohl er es doch eigentlich viel besser wissen sollte, folgt man seinem Buch „Griechenland im Zweiten Weltkrieg".

2. Seite 276, 1. Abs.

„Den deutschen Angriffsplan, wie ihn Student durchsetzte, kann man eigentlich nur mit Kopfschütteln betrachten. Es hätte ihm klar sein müssen, dass der Gegner genau die wichtigsten Punkte der Insel, die er erobern lassen wollte, zur Verteidigung vorbereitet habe und sich dort heftig wehren würde, weil er sie ebenfalls als entscheidend erkannt hatte. Den Angriff der Luftlande- und Fallschirmjäger genau dort anzusetzen, musste zu völlig unnötigen Verlusten führen. Offensichtlich begriff Student nicht, dass von der militärischen Logik her der Gegner auch ohne zusätzliche Erkenntnisse auf jeden Fall zumindest in der Anfangs-

---

18 https://de.wikipedia.org/wiki/Venezianische_Kolonien#Candia_(Kreta)

phase mit einem Angriff aus der Luft rechnen musste und entsprechende Gegenmaßnahmen treffen würde."

Jetzt brate mir doch jemand einen Storch. An mehreren Stellen ist im Buch davon die Rede, dass es die Irregulären waren, die den Deutschen die meisten Verluste beigebracht haben – und nun diese Aussage!

Im 4. Absatz der selben Seite bekommt Richter schnell wieder die Kurve und lenkt die Aufmerksamkeit auf etwas anderes:

„Die Kürze der Vorbereitungszeit führte auch zu Mängeln bei der persönlichen Ausrüstung der Luftlandetruppen. Die Einsatzuniform und die Verpflegung der Fallschirmjäger war für Norwegen konzipiert worden, war aber in der Hitze Kretas völlig ungeeignet. Um Sprungverletzungen zu vermeiden, die möglicherweise durch das hohe Gewicht einer kompletten Ausrüstung aufgetreten wären, trugen die Fallschirmjäger nur eine Pistole, einige Handgranaten und ein Messer mit sich."

Hier also gibt Richter endlich einmal zu, dass die Fallschirmjäger, auch wenn sie in einem Baum gelandet waren, sich nicht in einem komplett wehrlosen Zustand befunden haben, wie er mehrmals in seinem Buch behauptet. Ausgestattet mit Pistole und Handgranaten waren die Fallschirmjäger zumindest eine gewisse Zeit lang in der Lage, sich Angreifer vom Leibe zu halten. Was Richter natürlich nicht davon abhält, wieder einen gewaltigen Seitenhieb auf die „Partisanen" loszuwerden.

Seite 284, 3. Abs.:

„Damit ist die Schlacht um Kreta der letzte 'saubere' Feldzug des Zweiten Weltkrieges, aber zugleich der Beginn der 'schmutzigen' Kriegsführung, die durch Partisanenüberfälle und Repressalien geprägt ist."

Da hat Richter wohl den Überfall von Polen gänzlich vergessen oder absichtlich nicht wahrnehmen wollen. Denn wie schreibt das Deutsche Historische Museum, Berlin, am 19. Mai 2015 auf seiner Webseite:

„Die Wehrmacht führte den <u>Krieg in Polen</u> vom ersten Tag an mit grausamer Härte. Bereits auf dem Vormarsch ermordeten deutsche Truppen, aber auch spezielle Mordkommandos der Polizei und der SS eine große Zahl polnischer Zivilisten und Kriegsgefangener. Die <u>Einsatzgruppen</u> und der "Volksdeutsche Selbstschutz" setzten die von den Nationalsozialisten angestrebte "Vernichtung der polnischen Intelligenz" in die Tat

um. Sie ermordeten nach vorbereiteten Listen Tausende Intellektuelle, Politiker, Geistliche, Lehrer, Ärzte – aber auch Arbeiter und Gewerkschafter. Allein bis Ende 1939 wurden rund 60.000 Angehörige der polnischen Führungsschicht ermordet."[19]

3.   Wie im gesamten Buch versucht Richter auch in dem o.a. Abschnitt zu beweisen, dass nicht die Kreter sondern das SOE den Widerstand gegen die Deutschen organisierte und das schon zu Beginn der Invasion. Pendlebury soll zu diesem Zeitpunkt bereits Widerstandsgruppen gebildet haben. Die Wirklichkeit sieht allerdings anders aus, wenn man sich einmal näher mit den besagten Gruppen beschäftigt, die den Deutschen im Kampf   gegenübertraten.

„Der Widerstand gegen die völkerrechtswidrig am 6. April 1941 in Griechenland einfallenden deutschen Truppen begann als Reaktion auf die am 20. Mai 1941 begonnene Luftlandeschlacht um Kreta, weitete sich nach spontanen Einzelaktionen - wie dem Diebstahl der Hakenkreuzfahne von der Akropolis in Athen durch Manolis Glezos und Apostolos Santas - und dem Bekanntwerden der auf Kreta von Deutschen verübten Kriegsverbrechen auf das Festland aus und führte zur Gründung von über 100 verschiedensten klandestinen Widerstandsorganisationen (EAM, EDES, EKKA etc.). Menschen, die sich am Widerstand gegen die auf maximale wirtschaftliche Ausbeutung ausgelegte deutsche, italienische und bulgarische Besatzung Griechenlands beteiligten, kamen aus allen sozialen Schichten des Landes, zählten sowohl zur ländlichen wie auch der städtischen Bevölkerung. Der am 27. September 1941 gegründeten Nationalen Befreiungsfront (EAM) gehörten am Ende der deutschen Okkupation im November 1944 schätzungsweise 1,5 Millionen Menschen an (bei einer Gesamtbevölkerung von knapp 7 Millionen); ca. 70 Prozent des Landes waren bereits im Frühjahr 1944 befreite Gebiete und erlaubten die Proklamation einer eigenen „Berg-Regierung".[20]

Auf der Seite, die sich mit den Vorgängen auf Kreta befasst, wird die Gründung der AEAK erwähnt: (siehe Fußnote 20)

---

19   https://www.dhm.de/lemo/kapitel/zweiter-weltkrieg/kriegsverlauf/besatzungpolen
20   http://www.gedenkorte-europa.eu/de_de/article-widerstand-griechenland.html

„Am Widerstand gegen die deutsche Besetzung Kretas beteiligten sich Kreter jeden Alters und beiderlei Geschlechts sowie verschiedenster sozialer Gruppen, zunächst u.a. mit der Fluchthilfe für alliierte Soldaten. Bereits am 15. Juni 1941 wurde mit der AEAK (Anotati Epitropi Agonos Kritis, Oberstes Kampfkomitee für Kreta) eine erste kretische Widerstandsorganisation (Andartiko) gegründet. Teile dieser Gruppierung gingen in der Anfang Oktober 1942 gegründeten EOK (Ethniki Organosi Kritis) auf. Starken Einfluss auf deren Gründung hatten Agenten des SOE (Special Operations Executive, britische nachrichtendienstliche Spezialeinheit); Kreta war das erste Gebiet in Südosteuropa, in dem SOE-Offiziere aktiv wurden. Als konservatives Gegengewicht zur kretischen ELAS, deren Einfluss dadurch eingeschränkt werden konnte, bestand die Aufgabe der auch von der in Kairo residierenden griechischen Exilregierung anerkannten EOK vor allem darin, den alliierten Kampf und die britischen Ziele mit allen Mitteln zu unterstützen. In der Folge herrschte auf Kreta ein weitgehendes Gleichgewicht zwischen der Befreiungsfront ELAS und den Gruppen der EOK. Zu den spektakulärsten Widerstandsaktionen auf Kreta zählten die Sprengung von ca. 20 deutschen Flugzeugen auf dem Flughafen von Iraklio im Rahmen des britischen Unternehmens Albumen Mitte Juni 1942 und die Entführung General Kreipes im Frühsommer 1944."

4.   Die Aussagen im folgenden Abschnitt sind eine schallende Ohrfeige für die Griechen und es verwundert nicht mehr, warum gerade dieses Buch so stark kritisiert wurde.

Seite 285, 5. Abs.:

„Die Schlacht um Kreta ist zu einem militärischen Mythos geworden, wie die große Anzahl von Studien in englischer Sprache zeigt. In der griechischen und in der britischen Fallschirmtruppe werden die soldatischen Leistungen der deutschen Fallschirmjäger bewundert und haben Vorbildcharakter."

Da ich, während ich diese Abhandlung schreibe, bereits seit 3 Jahren auf Kreta lebe und zahlreiche Kontakte zu griechischen Soldaten und Fallschirmjägern habe, konnte ich mit Erstaunen feststellen, wie heftig sie auf diese Aussage reagierten. Von keiner Seite, weder von Offizieren Unteroffizieren und Mannschaftsdienstgraden, wurde Richters Darstellung bestätigt.

Seite 286, 1.Abs.:

„Für die Griechen, Briten, Neuseeländer, Australier ist es leichter, zwischen der militärischen und politischen Sicht zu unterscheiden. Hitlers Angriffskrieg ist für sie eine politische Angelegenheit. Die Schlacht um Kreta war für sie die Sache der Soldaten. Eigentlich müsste es an der Zeit sein, sich auch auf deutscher Seite um ein weniger ideologisch befrachtetes Bild zu bemühen."

Folge ich dieser Argumentation, dann hieße dies, dass die Alliierten die Invasion von Kreta nicht als Angriffskrieg, sondern als eine politische Aktion ansahen. Das verstehe jetzt, wer will!

Seite 286, letzter Satz dieses Abschnitts:

„Der Sinn dieses Buches ist es auch, einen sachlicheren Blick auf die Zeit zuvor zu ermöglichen."

Den Pfad der Sachlichkeit hat Richter aber schon von Beginn an verlassen, denn wäre sein Buch sachlich gehalten, dann hätten die Bemühungen der Griechen und der Andarten den gleichen Stellenwert in seinem Werk erhalten wie die der Alliierten und Deutschen. Dass dem nicht so ist, wurde bereits hinlänglich angesprochen. Dass die „Unsachlichkeit" im Epilog fortgesetzt wird, ist natürlich folgerichtig, denn wer widerspricht sich schon gerne.

N. Epilog

1.   Der Lüneburger Prozess im Mai 1946

Warum dieser Prozess gegen General Student in Richters Buch eingebettet wurde, erscheint im ersten Moment nicht ganz schlüssig. Im Laufe der Lektüre wird jedoch sehr schnell klar, dass Richter den General mehr als Opfer, ja sogar als jemand, der sich für seine Ideen opfern wollte, präsentiert.

Seite 288, 2. Abs.

„Vom 21. Mai an bis zum Ende der Operation Merkur hatte Student operativ und taktisch in Kreta nichts mehr zu sagen. Auch als er am 25. Mai in Kreta erschien, konnte er zwar seine Einheiten besuchen und Orden verteilen, aber die Befehlsgewalt blieb bei Ringel. Aber das Unternehmen Merkur war sein geistiges Produkt, und damit es dies vor der Geschichte blieb, war er anscheinend bereit, eine Verurteilung hinzunehmen und sogar die Todesstrafe zu riskieren."

Wenn man diese Passage liest, so muss man sich fragen, wie Student einen Befehl erlassen konnte, dem sich sogar Ringel beugte, obwohl dieser ja, so Richter, die Befehlsgewalt auf Kreta innehatte.

Seite 288, 2. Absatz – einige Sätze weiter oben:

„Student deutete zwar an, dass er Löhr unterstanden hatte, aber offensichtlich war es ihm peinlich, diesen Sachverhalt klar einzugestehen, denn in diesem Fall hätte er einräumen müssen, dass er seit dem 21. Mai praktisch kalt gestellt und Ringel mit der Führung des Kampfes in Kreta beauftragt worden war und er nur noch nominell den Oberbefehl hatte."

Wer sich mit der Materie nicht auskennt, gewinnt schnell den Eindruck, dass Richter General Student als ein Opfer, jedoch nicht als Täter hinstellen will.

Dass dieser Prozess anderen Regeln folgte als bei den parallel laufenden Kriegsverbrechertribunalen der Alliierten, erkennt man schon an der Auswahl der auftretenden Zeugen und daran, welche Zeugen, jetzt sage ich es ganz böse, aus politischen Gründen nicht anwesend waren. Hintergrund war der Bürgerkrieg in Griechenland.

Springen wir kurz zurück, damit ersichtlich wird, worum es damals ging:

„Bereits während des Zweiten Weltkriegs gab es Gegensätze zwischen links und rechts im griechischen Widerstand. In der Zeit, in der Griechenland von Truppen der Wehrmacht besetzt war (April 1941 bis Ende Oktober 1944), standen sich die kommunistische ELAS, die teils republikanischen, teils monarchistischen Widerstandskämpfer der EDES (Εθνικός Δημοκρατικός Ελληνικός Σύνδεσμος; Ethnikos Dimokratikos Ellinikos Syndesmos, Nationaler Demokratischer Griechischer Bund), die durch die Regierung in Athen aufgestellten Sicherheitsbataillone (Tagmata Asfalias) sowie rechtsgerichtete Organisationen wie die

93

„Organisation X" gegenüber, die nationalistisch bis rechtsextrem orientiert waren.

Infolgedessen kam es zu bewaffneten Auseinandersetzungen, Standgerichten, Übergriffen und Massakern von allen Seiten, auch an unbeteiligten Zivilisten. Die ELAS errang dabei gegenüber den übrigen Gruppen und der Hitler-freundlichen Regierung in Athen die Vorherrschaft über weite Teile des Landes mit Schwerpunkt im Norden (Makedonien) und in der Zentralregion. Durch den Abzug der deutschen Truppen Ende Oktober 1944 kam es teilweise zu regelrechten Machtübernahmen der ELAS, beispielsweise in Thessaloniki und in Athen, trotz der erfolgten Landung britischer Truppen ab Oktober 1944. Athen wurde nach dem Rückzug der Wehrmacht am 12. Oktober 1944 von Einheiten der ELAS verwaltet, die am 14. Oktober 1944 von einrückenden britischen Truppen abgelöst wurden.

Der Gegensatz zwischen der kommunistischen ELAS und den rechtsgerichteten Kräften in Regierung, EDES und Militär (beispielsweise der monarchistisch gesinnten Riminibrigade) verschärfte sich nach dem Abzug der Wehrmacht. Die griechische Regierung unter Georgios Papandreou und seinen Nachfolgern wie Nikolaos Plastiras, Petros Voulgaris, Panagiotis Kanellopoulos und Themistoklis Sofoulis (alle 1945 amtierend) erhielt dabei britische Unterstützung sowohl in Form von Wirtschafts- und Militärhilfe als auch britischer Truppen. Entsprechend einer geheim gehaltenen Vereinbarung zwischen Winston Churchill und Josef Stalin wurde Griechenland der britischen Einflusssphäre auf dem Balkan zugeteilt. Der Konflikt eskalierte am 3. Dezember 1944 in der Dekemvriana (auch Schlacht um Athen genannt), bei der es zu mehrtägigen Kämpfen zwischen der ELAS einerseits und Regierungstruppen unter Beteiligung britischer Truppen andererseits kam. Die Regierungstruppen bzw. Briten behielten Mitte Dezember 1944 die Oberhand und vertrieben die ELAS-Kräfte aus Athen und Umgebung."[21]

Für die Briten ergaben sich nun einige Schwierigkeiten. Hätte man den Prozess gegen General Student ordnungsgemäß durchführen wollen,

---

21   https://de.wikipedia.org/wiki/Griechischer_Bürgerkrieg

dann hätte man auch Angehörige der Andartengruppen als Zeugen geladen. Da dieser Widerstand allerdings hauptsächlich von der gut organisierten ELAS, also den Kommunisten, ausgeführt wurde und in dem Jahr des Prozesses gegen Student (1946) deren Gegner sowohl von den Briten als auch den Amerikanern militärisch unterstützt wurden, musste verhindert werden, dass die kommunistische ELAS eine öffentliche Plattform erhielt.

Zudem bestand die Gefahr, dass die Öffentlichkeit von der folgenden Absurdität Kenntnis erlangte.

„Von der Insel Kreta hätten Zeugen berichtet, dass dort englische und deutsche Einheiten gemeinsam gegen griechische Partisanen kämpften, da die Engländer eine 'kommunistische Revolution' befürchteten. So wurde der Ort Vatolakkos bei Chania auf Befehl der Briten von deutscher Artillerie beschossen und das im Juni 1945, also nach der offizellen Kapitulation der deutschen Inselstreitkräfte."

Als Kenner der griechischen Geschichte hätte Richter das ruhig vorbringen können, und damit wäre auch für den unkundigen Leser die von den Briten erstellten Anklagepunkte besser zu verstehen gewesen, denn bei keinem der Punkte wurden die Kriegsverbrechen der Deutschen gegenüber der kretischen Bevölkerung angesprochen. Dies wird auch von Richter auf Seite 290, 2. Abs. erwähnt:

„Interessant ist in diesem Zusammenhang auch die Tatsache, dass sich die Staatsanwaltschaft für die tatsächlichen Kriegsrechtsverletzungen durch Student bei den Geiselerschießungen ohne vorangegangenes Kriegsgerichtsurteil nicht interessierte und sich nur mit den ziemlich vagen Ausreden Students zufrieden gab. Offensichtlich interessierte dieses Gericht nur an britischen Bürgern begangenes Unrecht."

Über diese Aussage von Richter darf man sich schon wundern. Er bezeichnet Kriegsverbrechen als Kriegsrechtsverletzungen, während er doch sämtliche kretische Widerstandskämpfer als Verbrecher hinstellt.

Auch der letzte Satz in dem Abschnitt, der sich mit dem Prozess gegen Student befasst, lässt keinen anderen Schluss zu, dass sämtliche Offiziere im Zusammenhang mit den Kriegsverbrechen auf Kreta Opfer einer willkürlichen Racheaktion waren und im Grunde genommen als unschuldig anzusehen sind:

„Students Nachfolger als Oberkommandierende in Kreta, Bruno Bräuer und Friedrich Müller, wurden ausgeliefert und 1947 nach einem dubiosen Prozess zum Tode verurteilt und hingerichtet. Student hingegen kam 1948 wieder auf freien Fuß."

2. Die Aussöhnung mit den Neuseeländern

Obwohl durchgehend alle in englischer Sprache gehaltenen Einfügungen, deren Lektüre dem sprachkundigen Leser mehr Hintergrundwissen über die militärischen Fehler der Engländer verschafft, ohne eine entsprechende Übersetzung abgedruckt wurden, verblüfft es einen schon, dass ausgerechnet der Brief des „Secretary der New Zealand Crete Veterans Association, Lawrence Barber" ins Deutsche übertragen wurde. Natürlich darf hierbei auch nicht das Antwortschreiben von Student, dem damaligen Vorsitzenden des „Bund der Fallschirmjäger" fehlen.

Richter unternimmt hier ganz offensichtlich den Versuch, den Brief der Neuseeländer als eine Art Aussöhnung mit den deutschen Fallschirmjägern hinzustellen. Allerdings weist er nicht darauf hin, dass zu diesem Zeitpunkt erhebliche Spannungen zwischen Neuseeland und der britischen Regierung existierten, da London den Veteranen aus Neuseeland und Australien weniger Rente als den britischen Soldaten bezahlen wollte.

Der Schlussabsatz auf Seite 291 ist etwas verwirrend:
„Die noch lebenden Veteranen beider Seiten sind noch heute stolz auf diese gegenseitige Ehrenmitgliedschaft. Die ehemaligen deutschen Kretakämpfer fanden dort die ihnen gebührende Anerkennung, die ihnen daheim bis heute verwehrt wird und dies, obwohl inzwischen deutsche Soldaten wieder im Ausland im Einsatz sind. Man sollte bei der Beurteilung nicht vergessen, dass diese jungen Fallschirmjäger die Opfer einer Erziehung waren, die auf Gehorsam abzielte und jedes kritische Bewusstsein unterband. Sie waren begeisterungsfähige Jugendliche und Heranwachsende mit einem hohen Elitebewusstsein, deren Idealismus aufs Schändlichste missbraucht wurde. Sie gaben ihr Bestes und riskierten sogar ihr Leben, ohne zu begreifen, wofür. Es wäre an der Zeit, dies zu erkennen."

Die Auslandseinsätze der heutigen Bundeswehr mit dem von Hitler befohlenen Angriffskrieg der damaligen Fallschirmjäger zu vergleichen, ist der falsche Weg für eine Traditionspflege, wie sie heutzutage sowohl bei den Fallschirm- als auch Gebirgsjägerverbänden immer noch gehandhabt wird. Und wie soll man die durch die Nazi-Propaganda verführten „Kreta-Kämpfer" gebührend ehren, wenn deren Untaten nicht auf den Tisch gebracht werden dürfen – und ein Historiker wie Richter alles unternimmt, um für die Kriegsverbrechen der deutschen Truppen Verständnis zu wecken, indem er ihre Gräueltaten umdeutet, sie als eine verständliche Reaktion auf den „irregulären" Widerstand der kretischen Zivilbevölkerung bezeichnet.

Doch leider durchzieht diese verfehlte Sicht der Dinge das gesamte Werk. Richter hat auch „Alibi-Fotos" in sein Buch aufgenommen, um die berechtigten Bedenken derjenigen Leser zu zerstreuen, die vielleicht an seiner einseitigen Interpretation des Überfalls auf Kreta Anstoß nehmen könnten. Fakt bleibt, dass dieses Buch das unlautere Ziel verfolgt, die Angreifer zu verherrlichen und die kretischen Verteidiger zu verteufeln.

O. Bilder sagen mehr als tausend Worte oder wie verwende ich Bilder, um den Leser in die Irre zu führen

Wenn man als Autor zahlreiche Bilder in sein Buch einarbeitet, kann es schon einmal vorkommen, dass einem der eine oder andere Fehler unterläuft. Wenn aber Bilder falsch zugeordnet sind, in fehlerhaftem Kontext stehen oder bewusst irreführend verwendet werden, dann ist das schon mehr als fragwürdig.

In den vorherigen Kapiteln habe ich bereits darauf hingewiesen, dass Richter bei der Zuordnung bestimmter Bilder offenbar absichtlich darauf verzichtet hat, den Fotografen Weixler als Bildautor zu benennen. Damit verfolgt er das Ziel, die eigene Behauptung, die auf den Fotos abgebildeten Personen seien als hinterhältige und deshalb verbrecherische Kreter einzustufen, zu untermauern. Mit Bedacht verwendet Richter ein Bild aus dem Buch „Kampf und Intrige um Griechenland" der Autoren Heinz Hünger und Erich Strassl. (Anmerkung: Im gesamten Buch wird Strassl mit dem Namen Stassl bezeichnet, was ein Auffinden des Buches erschwert).

Die Einfügung von Bild 119 suggeriert dem Leser, der festgenommene Kreter habe die in Kondomari eingefallenen Fallschirmjäger beschossen und deshalb seien die Vergeltungsmaßnahmen der deutschen Truppen laut dem von Richter so gerne zitierten Kriegsvölkerrecht gerechtfertigt gewesen. Diese unredliche Darstellung nimmt Richter billigend in Kauf.

Unregelmäßigkeiten, Verwirrungen, falsche Interpretationen von Bildern sowie die bewusste Nichtnennung der wirklichen Fotografen sind in diesem Buch nicht die Ausnahme, sondern die Regel.

1. Keiner der leitenden Offiziere der griechischen Armee auf Kreta oder der kretischen Gendarmen wird von Richter namentlich erwähnt, geschweige denn als Bild dem interessierten Leser gezeigt (Ausnahme: Nennung von Oberst Seiradakis im Zusammenhang mit den Gefechten von Floria und Kandanos).

2. Bildtafel 8 und 9

Nicht genug, dass zwei Bilder mit der Nr. 21 versehen sind, so verwendet Richter auf Tafel 8 die beiden unteren Bilder 21 und 22 aus dem von Strassl und Hünger herausgegebenen Buch, obwohl andere Quellen sicherlich auch entsprechende Bilder gehabt hätten.

Wie geeignet das Bildmaterial von Hünger und Strassl als Quelle ist, kann man leicht an folgendem, dem Buch entnommenen Bild erkennen. (Kampf und Intrige um Griechenland, Seite 272). Man beachte dabei die Bilderunterschrift!

Das große englische Gefangenenlager bei Chania beherbergte
Söldner aus allen Erdteilen. Sogar Juden waren dabei.
Während des Kampfes haben wir sie allerdings nicht gesehen!

Auf Bildtafel 9 ist man sich nicht sicher, von wem Bild 23 eigentlich stammt, denn in Richters Bildernachweis werden Student, Hünger und Panagiotakis gleichzeitig genannt.

Bild Nr. 24 wird einem Palazzo zugeordnet, obwohl dieses Bild unter der Kennzeichnung *P01495.002* bei „Australian War Memorial" registriert ist.

P01495.002

3.   Die Bildtafeln 65 bis 68, Bilder 126 bis 132, scheinen im ersten Moment eine Ehrung des kretischen Widerstandes darzustellen. Doch auf den zweiten Blick wird schnell klar, dass der Autor genau das Gegenteil bezweckt.

Da werden die „armen Fallschirmjäger" mit sogenannten archaischen Waffen attackiert, die kretischen Verteidiger greifen in den Bäumen hängende „wehrlose Soldaten", obwohl mit Maschinenpistole bewaffnet, mittels einer Mistgabel an. Über einem am Boden auf einer Hakenkreuzfahne hingestreckten Angreifer triumphiert der Kreter, oder wie im Bild 132 ist es ein Stein, der dem deutschen Soldaten ein schreckliches Ende bereitet.

Mit all diesen volkstümlichen Darstellungen will Richter den Eindruck erwecken, dass die im gesamten Buch aufgebrachte Behauptung, die Kreter hätten gegen die Regeln der Haager Landkriegsordnung verstoßen, korrekt sei. Warum also nicht auch ein Bild einfügen, dass z.B. von Neuseeländern angefertigt wurde?

Illustration von Scott Slatan

P. Richters krasse Unterscheidung zwischen deutscher und griechischer Version seines Buches

Wer beide Ausgaben der „Operation Merkur" kennt, wird fast erschrecken, dass Richter zwei völlig unterschiedliche Beschreibungen von Bild 123 veröffentlicht, die in keinster Weise durch ein „Lost in Translation" erklärt werden können. Und man muss sich wirklich fragen, ob es Richter eigentlich bewusst ist, was er mit dieser Unterschiedlichkeit anrichtet. Unverblümt behauptet er in der griechischen Ausgabe, der abgebildete junge Fallschirmjäger sei Mittäter eines Kriegsverbrechens.

Abb. 124: 18 Jahre jung und gezeichnet fürs Leben

123. Η εκτέλεση άφησε ανεξίτηλα ίχνη στο χαρακτήρα αυτού του δεκαοκτάχρονου.

In der deutschen Version heißt es:	In der griechischen Version:
„18 Jahre jung und gezeichnet fürs Leben."	„Die Exekution hinterließ bleibende Spuren im Gesicht des jungen Soldaten."

Ohne mit der Wimper zu zucken, unterstellt Richter dem unbekannten deutschen Fallschirmjäger, der nachweislich in Iraklion als Sanitätssoldat eingesetzt war, an einem Kriegsverbrechen beteiligt gewesen zu sein. An der speziellen Kleidung des jungen Mannes kann man erkennen, dass er zu den über Iraklion abgesprungenen Sanitätssoldaten gehörte.

Man stelle sich einmal die Gefühle der Angehörigen dieses wahrscheinlich unbescholtenen deutschen Fallschirmjägers vor, sollten sie einmal mit dieser ungeheuerlichen Behauptung konfrontiert werden.

Zudem besteht immerhin theoretisch die Gefahr, dass die Staatsanwaltschaft gegen den abgelichteten Soldaten ein Ermittlungsverfahren wegen Beihilfe zum Mord einleiten könnte. Richter bleibt jedenfalls bis heute einen konkreten Beweis für seine infame Unterstellung schuldig.

Herstellung und Verlag:
BoD - Books on Demand, Norderstedt
ISBN 978-3-7528-1194-0